El Camino a la
FELICIDAD

UNA GUÍA BASADA EN EL SENTIDO COMÚN PARA VIVIR MEJOR

Para: _____

De: _____

El Camino a la
FELICIDAD

FUNDACIÓN EL CAMINO A LA FELICIDAD

Publicado por Fundación Internacional de El Camino a la Felicidad.

ISBN 978-1-59970-067-0

© 1992, 2007, 2010 L. Ronald Hubbard Library.
Ilustración de cubierta: © 2006 L. Ronald Hubbard Library. Todos los derechos reservados.

LATIN AMERICAN SPANISH – THE WAY TO HAPPINESS

Impreso en Estados Unidos

CONTENIDO

CÓMO USAR
ESTE LIBRO

*T*ú por supuesto
deseas ayudar a tus conocidos
y amigos.

Escoge a alguien cuyas acciones
podrían influir en tu supervivencia,
aunque sea remotamente.

Escribe el nombre de la persona
en la línea superior
de la portada de este libro.

Escribe o imprime tu nombre
en la segunda línea de la portada.

Regálale el libro a la persona.

Pídele que lo lea[0].

Descubrirás que
esa persona también se ve
amenazada por la posible
mala conducta
de otros.

---

0. A veces las palabras tienen varios significados. Las definiciones de las notas a pie de página que se dan en este libro, sólo dan el significado de la palabra como se utiliza en el texto. Si encuentras alguna palabra cuyo significado desconoces, búscala en un buen diccionario. Si no lo haces, podrán surgir malentendidos y posibles discusiones.

Dale varios ejemplares
adicionales de este libro,
pero no escribas tu nombre en ellos:
deja que la otra persona escriba el suyo.
Haz que regale estos ejemplares
a otros que tengan
que ver con su vida.

Al continuar haciendo esto,
incrementarás en gran medida
tu potencial de supervivencia
y el de estas personas.

Este es un camino hacia una vida
mucho más segura y feliz
para ti y para los demás.

POR QUÉ TE DI
ESTE LIBRO

Tu

supervivencia[1]

es

importante

para

mí.

---

1. *supervivencia:* la acción de permanecer con vida, de continuar existiendo, de estar vivo.

 is being referenced above.

FELICIDAD[2]

La verdadera
alegría y felicidad son valiosas.

Si no sobrevivimos,
no podemos lograr alegría y felicidad.

Es difícil tratar de sobrevivir
en una sociedad caótica[3], deshonesta
y que por lo general es inmoral[4].

Cualquier persona o grupo
trata de obtener de la vida tanto placer
como le sea posible y de estar
tan libre de dolor
como le sea posible.

2. *felicidad:* una condición o estado de bienestar, satisfacción, placer; existencia alegre, placentera, sin problemas; la reacción a que le sucedan a uno cosas agradables.
3. *caótica:* que tiene el carácter o la naturaleza de desorden o confusión total.
4. *inmoral:* que no es moral; que no sigue prácticas adecuadas de conducta; que no hace lo correcto; que no tiene el concepto de buena conducta.

Tu propia supervivencia puede estar amenazada
por las malas acciones de quienes te rodean.

Tu propia felicidad puede volverse
tragedia y pesar a causa de la deshonestidad
y mala conducta de otros.

Estoy seguro de que puedes recordar ejemplos
en que esto realmente sucedió.
Tales injusticias reducen tu supervivencia
y dañan tu felicidad.

Eres importante para otras personas.
Te escuchan. Puedes influir en otros.

La felicidad o infelicidad
de otras personas a quienes podrías nombrar
es importante para ti.

Usando este libro
y sin que te sea muy difícil,
puedes ayudarles a sobrevivir
y a llevar vidas más felices.

Aunque nadie puede garantizar
que otra persona pueda ser feliz,
se pueden mejorar sus posibilidades
de supervivencia y felicidad.
Y al mejorarse las de ellos,
también las tuyas se mejorarán.

Tienes el poder de señalar el camino
a una vida menos peligrosa y más feliz.

1.

CUIDA DE TI MISMO.

1-1.
Recibe cuidado cuando estés enfermo.

Cuando la gente se enferma,
incluso cuando tiene enfermedades contagiosas,
a menudo no se aísla de los demás ni busca
el tratamiento adecuado. Como fácilmente puedes
ver, esto tiende a ponerte en peligro. Insiste en que
una persona tome las precauciones apropiadas y
reciba la debida atención cuando esté enferma.

1-2.
Mantén limpio tu cuerpo.

Las personas que no se bañan o no se lavan
las manos con regularidad, pueden ser portadoras
de gérmenes. Te ponen en peligro. Tienes todo
el derecho de insistir que las personas se bañen
con regularidad y se laven las manos. Es inevitable
que alguien se ensucie al trabajar o al hacer ejercicio.
Haz que después se asee.

1-3.
Protege tus dientes.

Se ha dicho que si uno se cepilla los dientes después de cada comida, nunca sufrirá de caries. Esto o masticar chicle después de cada comida ayuda a defender a los demás de enfermedades orales y mal aliento. Sugiere a otros que protejan sus dientes.

1-4.
Aliméntate adecuadamente.

Las personas que no se alimentan adecuadamente no son de gran ayuda ni para ti ni para ellas mismas. Tienden a tener un nivel bajo de energía. A veces se ponen de mal humor. Se enferman con más facilidad. No se necesitan dietas extrañas para alimentarse adecuadamente, pero sí es necesario que uno coma alimentos nutritivos con regularidad.

1-5.
Descansa.

Aunque muchas veces
a lo largo de la vida nos vemos obligados
a trabajar a horas en que normalmente ya
estaríamos dormidos, una persona que en general
no logra descansar adecuadamente puede convertirse
en una carga para los demás. Las personas cansadas
no están alerta. Pueden cometer errores.
Sufren accidentes. Justo cuando las necesitas pueden
dejarte toda la carga de trabajo. Ponen en peligro
a los demás. Insiste en que la gente
que no descansa apropiadamente, lo haga.

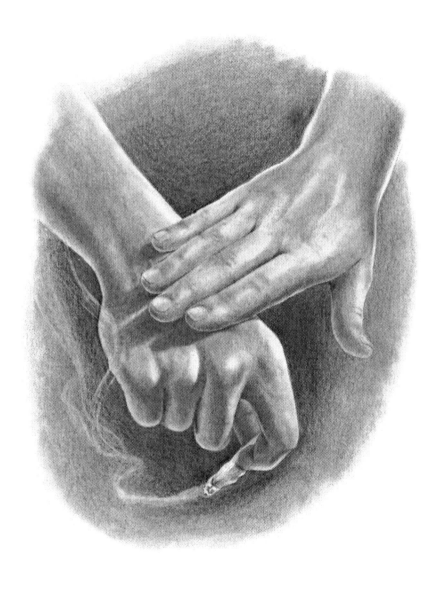

2.

SÉ MODERADO.[5]

2-1.
No uses drogas dañinas.

Las personas que usan drogas
no siempre perciben el mundo real
que está frente a ellas. No están realmente *ahí*.
En una carretera, en encuentros casuales, en casa,
estas personas pueden ser muy peligrosas para ti.
La gente erróneamente cree que
"se siente mejor", que "actúa mejor" o que
"sólo es feliz" cuando está bajo el efecto de las drogas.
Esto sólo es otro engaño.
Tarde o temprano las drogas destruirán
físicamente a la persona. Desanima a las personas
del uso de drogas. Cuando lo estén
haciendo, anímalas a que busquen ayuda
para que dejen de usarlas.

---

5. *moderado:* que no llega a extremos, que no se excede, que controla su apetito.

2-2.
No tomes alcohol en exceso.

Las personas que toman alcohol
no están alerta. El alcohol deteriora
su habilidad para reaccionar, incluso cuando les
parece que están más alerta gracias a él. El alcohol
tiene cierto valor medicinal. Pero se puede dar
a esto una importancia exagerada. No permitas
que alguien que ha estado bebiendo
te lleve en automóvil o en avión. La bebida
puede cobrar vidas de muchas maneras.
Un poco de licor es suficiente;
no permitas que el exceso
termine en infelicidad o muerte.
Impide[6] que la gente beba en exceso.

Al observar los puntos anteriores,
uno se vuelve físicamente más apto
para disfrutar la vida.

---

6. *impide:* detén o desanima.

3.

NO SEAS PROMISCUO[7].

*E*l sexo es el medio
por el cual la raza humana se proyecta
hacia el futuro a través de los hijos y la familia.
El sexo puede proporcionar mucho placer y felicidad:
la naturaleza lo planeó de esa manera para que así
pudiera continuar la especie. Pero su mal uso
o abuso acarrea graves castigos y sanciones:
la naturaleza también parece haberlo
planeado en esa forma.

---

7. *promiscuo:* que tiene relaciones sexuales casuales, al azar.

3-1.

Sé fiel a tu compañero sexual.

La infidelidad por parte
de un compañero sexual puede reducir
en gran medida la supervivencia de una persona.
La historia y los periódicos abundan en ejemplos
sobre la violencia de las pasiones humanas despertadas
por la infidelidad. La "culpa" es un mal menor.
Los celos y la venganza son los monstruos mayores:
nunca se sabe cuándo despertarán.
Está muy bien hablar de "ser civilizado",
"desinhibido" y "comprensivo",
pero nada de lo que digas remediará
las vidas arruinadas. El "sentido de culpa"
nunca será tan doloroso como una puñalada
por la espalda o vidrio molido en la sopa.

Además, está el aspecto de la salud.
Si no insistes en la fidelidad de tu compañero sexual
te estás arriesgando a contraer enfermedades.
Durante un periodo muy breve se dijo que todas
las enfermedades sexuales estaban bajo control.
Este ya no es el caso si es que lo fue alguna vez.
Hoy en día existen variedades incurables
de esas enfermedades.

Los problemas de mala conducta sexual
no son nuevos. La poderosa religión budista
en la India se desvaneció en el siglo séptimo.
Según sus propios historiadores, la causa fue
la promiscuidad sexual en sus monasterios.
En épocas más modernas, cuando
la promiscuidad sexual se generaliza
en una organización comercial
o de cualquier otra clase, puede advertirse
que la organización fracasa. No importa
qué tan civilizadas sean sus discusiones
sobre este tema, las familias se hacen añicos
al enfrentar la infidelidad.

El impulso del momento se puede volver
el pesar de toda una vida. Inculca esto
en aquellos que te rodean,
y protege tu salud y tu placer.

*El sexo es un gran paso en el camino a la
felicidad y a la alegría. No tiene nada de malo
si se practica con fidelidad y decencia.*

4.

AMA Y AYUDA
A LOS NIÑOS.

$\mathcal{L}$os niños de hoy
serán la civilización del mañana.
Traer a un hijo al mundo de hoy es
casi lo mismo que meterlo en la jaula de un tigre.
Los niños no pueden manejar su entorno[8]
y carecen de verdaderos recursos.
Necesitan amor y ayuda
para tener éxito.

8. *entorno:* lo que rodea a alguien; las cosas materiales a su alrededor; el área en que vive; los seres vivos, los objetos, espacios y fuerzas con las que vive ya sean cercanas o lejanas.

Es un problema delicado a discutir.
Existen casi tantas teorías sobre la forma
de educar a un hijo, o sobre la forma de no hacerlo,
como existen padres. Sin embargo si alguien
lo hace mal puede causar mucho dolor y hasta podría
complicar sus años venideros. Algunas personas tratan
de educar a sus hijos en la misma forma en que
las educaron a ellas, otras intentan exactamente
lo opuesto, y muchas otras se adhieren a la idea de que
a los hijos sólo se les debería dejar crecer por sí mismos.
Nada de esto garantiza el éxito.
El último método se basa en la idea materialista[9]
de que el desarrollo de un niño es paralelo
a la historia evolucionista[10] de la raza;
que en alguna forma mágica e inexplicable,
los "nervios" del niño "madurarán"
a medida que crece y el resultado será un adulto moral[11]
y de comportamiento ejemplar. Aunque la teoría se
desmiente fácilmente; basta hacer notar la numerosa
población criminal cuyos nervios, de alguna
manera, no maduraron; es una forma perezosa de
educar a los niños y que tiene cierta popularidad.
Esto no se hará cargo del futuro de la civilización,
ni de tus años de vejez.

9. *materialista:* relacionado con la opinión de que lo único que existe es la materia física.
10. *evolucionista:* relacionado con una teoría muy antigua, de que todas las plantas y los animales se desarrollaron a partir de formas más simples y fueron moldeados por su medio ambiente en lugar de ser planeados o creados.
11. *moral:* capaz de diferenciar entre lo correcto y lo incorrecto en la conducta; que decide y actúa de acuerdo a esa comprensión.

Un niño se parece un poco a una pizarra
en blanco. Si escribes algo erróneo en ella,
dirá cosas erróneas.
Pero a diferencia de una pizarra,
un niño puede empezar a escribir por su cuenta:
el niño tiende a escribir lo que ya se ha escrito.
El problema se complica por el hecho de que
aunque la mayoría de los niños son capaces de ser
muy honestos, unos cuantos nacen
dementes y, en la actualidad, algunos incluso nacen
drogadictos: pero tales casos son muy raros.

No ayuda tratar de "comprar" al niño
con una cantidad abrumadora de juguetes
y posesiones o sofocarlo y protegerlo:
el resultado puede ser nefasto.

Uno tiene que decidir en qué quiere
que se convierta el niño:
esto se modifica por varios factores:
(a) lo que el niño básicamente *puede* llegar a ser
debido a su naturaleza y a su potencial inherentes;
(b) lo que el propio niño realmente quiere llegar a ser;
(c) lo que uno quiere que el niño llegue a ser;
(d) los recursos disponibles. Pero recuerda que
cualquiera que sea el resultado, el niño
no sobrevivirá bien a menos que, finalmente,
llegue a tener confianza en sí mismo
y sea *muy* moral. De lo contrario, es probable
que el producto final sea un riesgo para todos,
incluyendo al niño.

Cualquiera que sea el afecto que se tenga
por el niño, recuerda que a la larga,
no podrá sobrevivir bien si no se le pone
en el camino a la supervivencia.
No será accidental que el niño actúe mal:
la sociedad contemporánea está hecha
a la medida para que el niño fracase.

Será de gran ayuda para el niño si logras
que comprenda los preceptos[12] que contiene
este libro y esté de acuerdo en seguirlos.

Lo que sí funciona es sencillamente tratar
de ser amigo del niño. Es una gran verdad que
un niño necesita amigos. Trata de averiguar cuál
es realmente el problema del niño y, sin destruir
sus propias soluciones, trata de ayudarle a resolverlo.
Observa a los niños, y esto se aplica incluso
a los bebés. Escucha lo que te digan sobre su vida.
Deja que *ellos* ayuden; si no los dejas, se sentirán
abrumados por el sentido de obligación[13]
que entonces tienen que reprimir.

---

12. *precepto:* regla o declaración que aconseja o establece un principio o
principios; curso de acción acerca de la conducta; instrucción que se entiende
como reglamento o regla de conducta.
13. *obligación:* la condición o el hecho de deber algo a otro por objetos,
favores o servicios recibidos.

Será de gran ayuda para el niño
si logras que comprenda este camino
a la felicidad, que esté de acuerdo con
él y que lo siga. Podría tener
un efecto enorme en la supervivencia
del niño; y en la tuya.

Es un hecho que a un niño no le
va bien sin amor. La mayoría de
los niños lo tienen en abundancia
para corresponder a él.

En la ruta del camino a la felicidad
está el amar y ayudar a los niños desde
la primera infancia hasta que llegan
al borde de la edad adulta.

5.

HONRA[14] Y AYUDA
A TUS PADRES.

*D*esde el punto
de vista de un hijo, los padres son a veces
difíciles de entender.

Hay diferencias entre generaciones.
Pero esto en realidad no es una barrera.
Cuando se es débil, es una tentación refugiarse
en subterfugios y mentiras:
y esto es lo que crea el muro.

14. *honrar:* mostrar respeto; tratar con deferencia y cortesía.

Los hijos *pueden* reconciliar
sus diferencias con sus padres.
Antes de que empiecen los gritos,
se puede al menos, tratar de hablar
con calma. Si el hijo es franco y honesto,
es inevitable que su petición llegue.
Con frecuencia es posible lograr
un arreglo[15] que ambas partes
comprenden y con el que puedan
estar de acuerdo. No siempre es
fácil llevarse bien con los demás,
pero deberíamos intentarlo.

Uno no puede descartar el hecho
de que los padres casi siempre actúan
a partir de un deseo muy grande de hacer
lo que ellos creen que es mejor para un hijo.

---

15. *arreglo:* una conciliación de diferencias en la cual cada parte cede en algún punto mientras retiene otros, alcanzando de esta manera un mutuo acuerdo.

Los hijos están en deuda con sus padres
por haberlos criado; si así lo hicieron.
Aunque algunos padres son tremendamente
independientes y no aceptarían nada a cambio
por esa obligación, es un hecho que a menudo
llega el momento en que corresponde
a la generación más joven cuidar
de sus padres.

A pesar de todo, uno debe recordar que son
los únicos padres que tiene. Y por ser sus
padres y sin importar qué haya sucedido,
debe honrarlos y ayudarlos.

El camino a la felicidad incluye
tener buenas relaciones con nuestros padres
o con aquellos que nos criaron.

6.

DA UN
BUEN EJEMPLO.[16]

*E*s mucha la gente
en la que uno influye[17]. Esta
influencia[18] puede ser buena o mala.

Si uno conduce su vida
observando estos consejos,
está dando buen ejemplo.

Los que nos rodean no pueden evitar
que nuestras acciones influyan en ellos,
sin importar lo que digan.

16. *ejemplo:* alguien o algo digno de imitación o duplicación, un patrón,
un modelo.
17. *influye:* tiene un efecto sobre algo o alguien.
18. *influencia:* el efecto resultante.

Si alguien está tratando de desanimarte,
lo está haciendo porque realmente
quiere perjudicarte, o porque está
buscando su propio beneficio.
En el fondo, te respetará.

Tus probabilidades de supervivencia irán
mejorando a la larga, pues otros, influenciados,
se volverán menos amenazantes.
Existen otros beneficios.

No subestimes el efecto que puedes producir
en otros con sólo mencionar estas cosas
y dar buen ejemplo por tu propio derecho.

El camino a la felicidad requiere
que uno dé buen ejemplo a los demás.

7.

BUSCA VIVIR
CON LA VERDAD.[19]

*L*os datos falsos
pueden causar que uno cometa
errores estúpidos. Incluso pueden
impedir que uno asimile
datos verdaderos.

Podemos resolver los problemas de la existencia
únicamente cuando poseemos datos verdaderos.

Si nos mienten quienes nos rodean,
nos inducen a cometer errores y se reduce
nuestro potencial de supervivencia.

19. *verdad:* lo que está de acuerdo con los hechos y observaciones; respuestas lógicas que son el resultado de examinar todos los hechos y datos; una conclusión que se basa en evidencia no influida por deseos, autoridades o prejuicios; un hecho inevitable (que no se puede evadir) sin importar cómo se llegó a él.

Los datos falsos
pueden provenir de muchas fuentes:
académicas, sociales, profesionales.

Muchas personas quieren que creas algo
sólo porque eso conviene a sus propios fines.

Lo que es *verdad* es lo que es verdad para *ti*.

Nadie tiene derecho a imponerte datos
y ordenarte que los creas o sufras
las consecuencias. Si no es verdad
para ti, no es verdad.

Juzga las cosas por ti mismo, acepta
lo que es verdad para ti y descarta lo demás.
Nadie es más infeliz que aquel que trata
de vivir en un caos de mentiras.

7-1.
No digas mentiras[20] dañinas.

Las mentiras dañinas son
producto del miedo, la malicia y la envidia.
Pueden impulsar a la gente a acciones desesperadas.
Pueden arruinar vidas. Crean una especie de trampa
en la que puede caer tanto el que las dice como el
que las recibe. Pueden producir un caos
interpersonal y social. Muchas guerras
se iniciaron a causa de mentiras dañinas.

Uno debería aprender a detectarlas
y rechazarlas.

7-2.
No des falso testimonio.

Son considerables los castigos
relacionados con prestar juramento o atestiguar
"hechos" falsos; se le llama "perjurio":
se castiga con rigor.

El camino a la felicidad
sigue la ruta de la verdad.

20. *mentira:* afirmación o información falsa que se presenta deliberadamente como cierta; falsedad; todo lo que se hace con la intención de engañar o de dar una impresión equivocada.

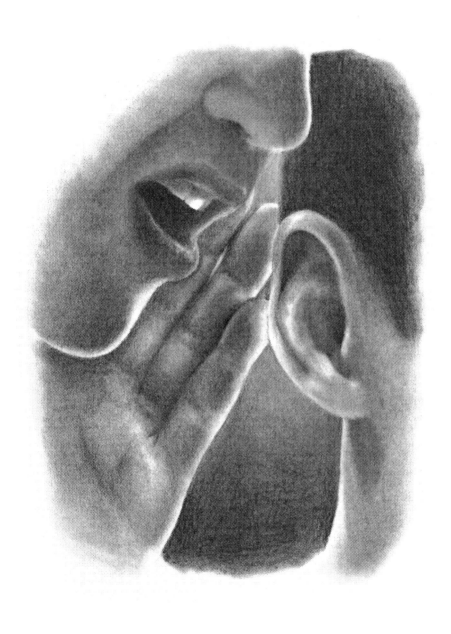

8.

NO ASESINES[21].

$\mathcal{L}$a mayoría
de las razas, desde los tiempos más antiguos
hasta el presente, han prohibido el asesinato
y lo han castigado con rigor. A veces esto
se ha ampliado y se ha dicho: "No matarás",
pero en una traducción posterior
se encontró que dice:
"No asesinarás".

Hay una gran diferencia
entre esas dos palabras "matar" y "asesinar".
Una prohibición de matar en general excluiría
la defensa propia; tendería a hacer ilegal el hecho
de matar a una serpiente cuando se está enroscando
para morder a un bebé; pondría a toda una raza
a dieta de vegetales. Estoy seguro de que puedes ver
muchos ejemplos de las dificultades que surgen
de la prohibición de matar.

---

21. *asesinar:* matar ilegalmente a uno o más seres humanos, especialmente con
malicia y premeditación (que antes del hecho, se tiene la intención de cometerlo).

"Asesinar" es algo totalmente distinto.
Por definición significa: "Acción de matar ilegalmente
a uno (o a más), seres humanos realizada por otro,
especialmente con malicia y premeditación".
Se puede ver con facilidad que en esta era
de armas violentas, el asesinato sería demasiado fácil.
No podríamos vivir en una sociedad
en la que nosotros, nuestra familia o nuestros amigos,
estuviéramos a merced de cualquiera que se dedique
a privar de la vida con indiferencia.

Con toda justicia, el asesinato tiene la prioridad más
alta en la prevención y en el desagravio social.

El estúpido, el perverso y el demente buscan resolver
sus problemas reales o imaginarios
con el asesinato. Y se sabe que asesinan
sin razón alguna.

Respalda e impulsa cualquier programa
que haya demostrado ser eficaz para resolver esta
amenaza a la Humanidad. Tu propia supervivencia
podría depender de ello.

El camino a la felicidad no incluye asesinar
o que tus amigos, tu familia o tú mismo
sean asesinados.

9.

NO HAGAS
NADA ILEGAL.

*L*os "actos ilegales"
son los que están prohibidos por reglas oficiales
o por la ley. Estas provienen de los gobernantes,
los cuerpos legislativos y los jueces. Usualmente
se describen en códigos de leyes. En una sociedad
bien ordenada, se publican y se dan a conocer en
forma general. En una sociedad confusa, y con
frecuencia acosada por el crimen, uno tiene que
consultar a un abogado o estar especialmente
entrenado para conocerlas todas: este tipo de
sociedad le dirá a uno que "la ignorancia
no es excusa para quebrantar la ley".

Sin embargo, cualquier miembro de la sociedad,
ya sea joven o viejo, tiene la responsabilidad de saber
qué se considera una "acción ilegal" en esa sociedad.
Se le puede preguntar a la gente, existen bibliotecas
donde esto se puede investigar.

Una "acción ilegal" no es desobediencia
a alguna orden casual como "vete a la cama".
Es una acción, que si se hace, puede tener
como resultado un castigo por parte de los tribunales
y el Estado, ser expuesto al escarnio[22] público
por la maquinaria de propaganda[23] del Estado,
multas e incluso encarcelamiento.

Cuando hacemos algo ilegal,
leve o grave, nos exponemos a un ataque
del Estado. No importa si nos atrapan o no,
cuando cometemos una acción ilegal,
debilitamos nuestras propias defensas.

Casi todo lo que vale la pena lograr,
a menudo se puede llevar a cabo
en una forma perfectamente legal.

22. *escarnio:* burla o muestra de desprecio groseras y muy humillantes.
23. *propaganda:* información o rumores esparcidos para promover la causa propia o dañar la de otro, a menudo sin tomar en cuenta la verdad; la introducción de mentiras en la prensa o en la radio y en la televisión para que cuando llegue dada persona a juicio se le encuentre culpable; la acción de dañar con falsedades la reputación de una persona para que no se le escuche. (Un propagandista es una persona o grupo que hace, produce o practica la propaganda).

La ruta "ilegal" es un atajo peligroso que ocasiona pérdidas de tiempo. Por lo general resulta que las supuestas "ventajas" de cometer actos ilegales no valen la pena.

El Estado y el gobierno tienden a ser una máquina que en cierto grado no piensa. Existen y funcionan según las leyes y los códigos de leyes. Están diseñados para eliminar la ilegalidad a través de sus conductos. Como tales, pueden ser un enemigo implacable[24], inflexible[25] en lo que se relaciona con los "actos ilegales". Lo correcto y lo incorrecto de los hechos no cuenta ante la ley y los códigos de leyes. Sólo cuentan las leyes.

Cuando percibas o descubras que quienes te rodean están cometiendo "actos ilegales" deberías hacer todo lo posible por disuadirlos. Tú mismo, aun no siendo parte de ellos, podrías sufrir debido a eso. El contador de la empresa falsifica los libros de contabilidad: en cualquier conmoción que se produzca, la empresa podría quebrar y perderías tu empleo. Tales casos pueden afectar nuestra supervivencia en gran medida.

---

24. *implacable:* firme; que no es posible tranquilizarlo, calmarlo o agradarle; despiadado, inflexible.
25. *inflexible:* duro, que no cede; inconmovible, algo que no se quebrantará, insistente; que rehúsa cualquier otra opinión, que no se rinde ante nada.

Como miembro de cualquier grupo sujeto a leyes,
alienta la publicación precisa de esas leyes,
para que puedan ser conocidas. Apoya cualquier
esfuerzo político legal que reduzca, aclare
y codifique las leyes que se aplican a ese grupo.
Apoya firmemente el principio de que todos
los hombres son iguales ante la ley,
un principio que en su propio tiempo y lugar
(los días tiránicos[26] de la aristocracia[27])
fue uno de los avances sociales
más grandes de la historia de la humanidad
y no se le debe perder de vista.

Asegúrate de que se informe a los niños
y a la gente lo que es "legal" y lo que es "ilegal"
y hazles saber, aunque sólo sea frunciendo el ceño,
que no apruebas los "actos ilegales".

Sin embargo, quienes las cometen,
incluso cuando "se salgan con la suya",
son débiles ante el poder del Estado.

El camino a la felicidad
no incluye el miedo a ser descubierto.

26. *tiránico:* caracterizado por el uso cruel, injusto y absoluto del poder; aplastante; opresor; duro; severo.
27. *aristocracia:* gobierno formado por unos cuantos que tienen privilegios, rangos o posiciones especiales; regido por unos cuantos miembros de la élite que están por encima de la ley general; un grupo que por su nacimiento o posición es "superior a todos los demás" y que puede hacer leyes o aplicarlas a otros, pero consideran que las leyes no los afectan a ellos.

10.

APOYA A UN GOBIERNO IDEADO Y DIRIGIDO PARA TODA LA GENTE.

*H*ombres y grupos perversos y sin escrúpulos pueden usurpar el poder del gobierno y usarlo para sus propios fines.

El gobierno organizado y conducido sólo para individuos y grupos interesados en sus propios fines, da a la sociedad un lapso corto de vida. Esto pone en peligro la supervivencia de todos en el país; incluso pone en peligro a aquellos que intentan hacer esto. La historia está llena de este tipo de muertes de los gobiernos.

Por lo general,
la oposición a tales gobiernos
sólo trae violencia.

Pero uno puede
elevar la voz como advertencia
cuando tales abusos se generalizan.
Y no necesitamos apoyar activamente
a un gobierno de ese tipo;
sin hacer nada ilegal y simplemente retirando
nuestra cooperación, podemos lograr
que finalmente haya una reforma.
Incluso mientras esto se escribe,
existen en el mundo varios gobiernos
que están fracasando sólo porque su pueblo
está expresando su desacuerdo silencioso
simplemente al no cooperar.
Estos gobiernos están en riesgo:
cualquier viento inoportuno de mala suerte
podría acabar con ellos.

Por otra parte, en donde es obvio
que un gobierno trabaja con diligencia para TODO
su pueblo en vez de hacerlo para un grupo con
intereses especiales o para algún dictador demente,
uno debería apoyarlo al máximo.

Existe un tema llamado "gobierno".
En las escuelas, principalmente enseñan "civismo"
que es sólo la forma en la que se estructura
la organización actual. El verdadero tema,
"gobierno" se presenta bajo diversos títulos:
economía política, filosofía política,
poder político, etc. Todo el tema
del "gobierno" y de cómo gobernar puede ser
bastante preciso, casi como una ciencia técnica.
Si estamos interesados en tener un mejor gobierno,
un gobierno que no cause dificultades,
deberíamos sugerir que este tema se enseñara
en las escuelas a una edad más temprana;
también podemos aprenderlo al leer
al respecto: no es un tema muy difícil
si aclaras en un diccionario
las palabras difíciles.

Después de todo,
es el pueblo y sus líderes de opinión
quienes sudan, pelean y sangran por su país.
Un gobierno no puede sangrar,
ni siquiera puede sonreír:
es sólo una idea que tiene la gente.
La persona como individuo
es la que está viva: *tú.*

El camino a la felicidad
es difícil de transitar
cuando está ensombrecido
por la opresión de la tiranía.
Se ha sabido que un gobierno benigno,
ideado y dirigido para TODA la gente,
allana el camino: cuando así ocurre,
merece apoyo.

11.

NO DAÑES A UNA PERSONA DE BUENA VOLUNTAD[28].

A pesar de la insistencia
de los hombres perversos, de que todos
los hombres son perversos, hay a nuestro alrededor
muchos hombres buenos y también
muchas mujeres buenas. Tal vez has tenido
la fortuna de conocer a algunos.

De hecho, la sociedad funciona
gracias a hombres y mujeres de buena voluntad.
Los funcionarios, los líderes de opinión, quienes
laboran en el sector privado y desempeñan su trabajo,
son en su gran mayoría, personas de buena voluntad.
Si no lo fueran, hace mucho que hubieran
dejado de prestar sus servicios.

28. *voluntad:* facultad del alma con la que quiere o elige unas cosas y rechaza otras, y gobierna los actos del ser animado por ella. Tradicionalmente, "hombres de buena voluntad" significa aquellos que tienen buenas intenciones hacia sus semejantes y trabajan para ayudarlos.

Es fácil atacar a estas personas:
su misma decencia les impide
protegerse lo necesario. Sin embargo,
la supervivencia de la mayoría de los miembros
de una sociedad depende de ellas.

El criminal violento, el propagandista,
los medios masivos de comunicación que buscan
sensacionalismo, tratan de distraer nuestra atención
del hecho firme y cotidiano de que la sociedad
no funcionaría en absoluto si no fuera
por las personas de buena voluntad.
Debido a que vigilan las calles,
aconsejan a los niños, toman la temperatura,
apagan incendios y hablan con sentido común
y en voz baja, es posible que no nos demos cuenta
de que las personas de buena voluntad son
las que mantienen al mundo en marcha
y al Hombre vivo sobre esta Tierra.

Sin embargo se les puede
atacar y se deberían recomendar
y tomar medidas rigurosas para
protegerlas y evitar que se les dañe,
ya que tu supervivencia y la de tu familia
y tus amigos depende de ellas.

El camino a la felicidad
se sigue con mucha más facilidad
cuando apoyamos a las personas
de buena voluntad.

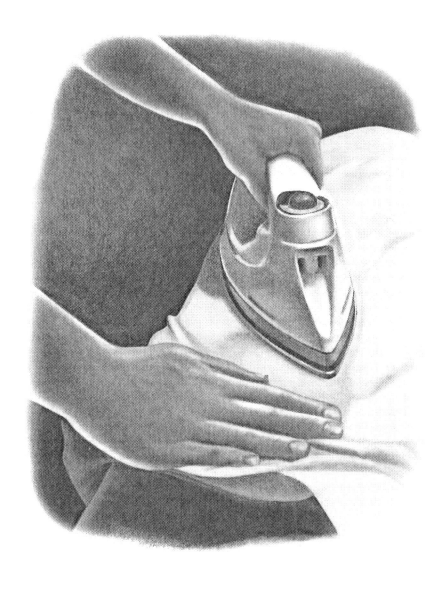

12.

PROTEGE[29]
Y MEJORA TU
MEDIO AMBIENTE.

12-1.
Mantén una buena apariencia.

Algunas veces no se les ocurre
a ciertos individuos, ya que no tienen que pasar
los días contemplándose a sí mismos, que forman
parte del escenario y la apariencia de los demás.
Y algunos no se dan cuenta de que otros
los juzgan basándose en su apariencia.

Aunque la ropa puede ser costosa,
el jabón y otros artículos para el cuidado personal
no son tan difíciles de obtener.
Las técnicas a veces son difíciles de encontrar,
pero pueden desarrollarse.

---

29. *protege:* que impide que se dañe algo; salvaguarda.

En algunas sociedades,
cuando son bárbaras o se degradan mucho,
puede incluso llegar a estar de moda tener
una apariencia desagradable ante el público.
De hecho, esto es un síntoma de falta
de respeto por uno mismo.

Uno puede desaliñarse mucho
al hacer ejercicio y trabajar. Pero esto
no impide asearse después. Y, por ejemplo,
algunos trabajadores europeos e ingleses
mantienen un buen estilo en su apariencia
aún mientras trabajan. Nos damos cuenta
de que algunos de los mejores atletas
se ven bien a pesar de estar
empapados en sudor.

Un medio ambiente
desfigurado por gente desaliñada
puede tener un sutil efecto deprimente
en nuestro estado de ánimo[30].

Anima a las personas que te rodean
a verse bien, felicitándolas cuando lo hagan
o ayudándoles cortésmente con sus problemas
cuando no lo hagan. Esto podría aumentar
su respeto por sí mismos y también
mejorar su estado de ánimo.

30. *estado de ánimo:* la actitud mental y emocional de un individuo o grupo; sensación de bienestar, voluntad de seguir adelante; un sentido de propósito común.

12-2.
Cuida tu propia área.

Cuando la gente tiene
en desorden sus posesiones y su área,
ese desorden puede afectar las tuyas.

El que las personas aparentemente no
sean capaces de cuidar sus propios bienes y espacios
es un síntoma de que sienten que no son aceptadas
y que en realidad no poseen sus propios bienes.
Cuando eran jóvenes, se les "dieron" cosas
con demasiadas advertencias y condiciones añadidas,
o se las quitaron sus hermanos, hermanas o padres.
Y es posible que no se sintieran bienvenidas.

Las posesiones, las habitaciones,
los espacios de trabajo y los vehículos
de estas personas muestran que en realidad
no son propiedad de nadie. Peor aun, a veces
se puede observar una especie de furia contra
las posesiones. Su manifestación es
el vandalismo[31]: la casa o el automóvil
que "no tiene dueño" pronto se arruina.

31. *vandalismo:* la destrucción intencional y maliciosa de propiedad pública o privada, en especial de algún objeto hermoso o artístico.

Quienes construyen y tratan
de dar mantenimiento a viviendas
para personas de bajos recursos, a menudo
se desalientan por la rapidez con que se arruinan.
Los pobres, por definición, poseen poco o nada,
y al ser acosados de diversas maneras,
también empezarán a sentir
que no son aceptados.

Pero la gente que no cuida sus posesiones
y espacios, sea rica o pobre y sin importar por qué
razón lo haga, puede causar desorden en quienes
la rodean. Estoy seguro que puedes
recordar ejemplos de esto.

Pregunta a esas personas qué es
lo que realmente poseen en la vida
y pregúntales si en verdad se les acepta
en el lugar donde están, y recibirás
algunas respuestas sorprendentes.
Y también les ayudarás muchísimo.

El arte de organizar posesiones
y espacios puede enseñarse.
Quizá sea una idea nueva
para alguien que
cuando se toma
y se emplea un artículo,
debería volverse a poner
en el mismo lugar de manera
que sea posible volverlo a encontrar:
algunos individuos pasan la mitad
de su tiempo sólo buscando algo.
Dedicar un poco de tiempo a organizarse
puede compensarse por una mayor
rapidez en el trabajo: no es
la pérdida de tiempo
que algunos creen.

Para proteger tus posesiones y espacios,
haz que otros cuiden los suyos.

12-3.
Ayuda a cuidar el planeta.

La idea de que compartimos el planeta y que
uno puede y debe ayudar a cuidarlo puede parecer
muy grande y, para algunas personas, estar muy por
encima de la realidad. Pero en la actualidad,
lo que sucede en el otro lado del mundo,
aunque sea tan lejos, puede ser la causa
de lo que sucede en tu propio hogar.

Descubrimientos recientes, realizados mediante
sondas espaciales a Venus, muestran que
nuestro mundo podría deteriorarse hasta
un punto en que ya no pueda sustentar
la vida, y esto podría suceder
durante nuestra vida.

Si se talan demasiados bosques,
se contaminan demasiados ríos y mares,
si se ensucia la atmósfera, ese será nuestro fin.
La temperatura de la superficie puede llegar a ser
demasiado alta, la lluvia puede convertirse en ácido
sulfúrico. Todos los seres vivos podrían morir.

Podríamos preguntarnos:
"Aunque eso fuera verdad,
¿qué podría yo hacer al respecto?".
Bueno, aunque sólo mostráramos desacuerdo
cuando la gente hace algo que dañe al planeta,
estaríamos haciendo algo al respecto.
Aunque sólo tuviéramos la opinión
de que simplemente no es bueno arruinar
el planeta y expresáramos esa opinión,
estaríamos haciendo algo.

El cuidado del planeta
empieza en el jardín de nuestra casa.
De allí se extiende a la zona por la que pasamos
para llegar a la escuela o al trabajo. Abarca los lugares
a los que vamos a comer en el campo o en vacaciones.
La basura que ensucia el terreno y el agua,
el incremento de matorrales muertos
que provocan incendios, son situaciones
con las que no debemos contribuir.
Por otra parte, en nuestros ratos libres
podríamos hacer algo para evitarlas.
Plantar un árbol puede parecer
poco importante pero es algo.

En algunos países,
la gente de edad avanzada,
los desempleados no sólo se sientan por ahí
a desmoralizarse: se les emplea para cuidar jardines,
parques y bosques; para recoger basura y añadir
algo de belleza al mundo. No faltan recursos
para cuidar el planeta. Por lo general se ignoran.
Fue evidente que el Cuerpo Civil para la Conservación
(C. C. C.) que se organizó en Estados Unidos
en la década de 1930 para absorber las energías
de los oficiales desempleados y de los jóvenes,
fue uno de los pocos proyectos, si no el único
en esa época de depresión, que creó
mucha más riqueza para el estado
de lo que se gastó en él.
Reforestó grandes zonas y llevó a cabo
otros proyectos valiosos que cuidaron
esa parte del planeta que corresponde a los
Estados Unidos. Vemos que el C. C. C.
ya no existe. Podemos hacer algo tan simple
como añadir nuestra opinión de que ese tipo
de proyectos son valiosos, y apoyar a los líderes
de opinión y a las organizaciones que trabajan
para mejorar el medio ambiente.

No carecemos de tecnología.
Pero esta y su aplicación cuestan dinero.
El dinero está disponible cuando se siguen
políticas económicas sensatas, políticas
que no castigan a todo el mundo.
Este tipo de políticas existen.

Es mucho lo que uno puede hacer
para ayudar a cuidar el planeta.
Empieza con la idea de que uno debe hacerlo.
Progresa al sugerir a otros que deberían hacerlo.

El Hombre ha alcanzado
el potencial para destruir el planeta.
Se le debe impulsar para que llegue a la capacidad
y a las acciones para salvarlo.

Después de todo, es sobre lo que estamos parados.

*Si otros no ayudan a proteger y mejorar el medio
ambiente, el camino a la felicidad podría no
tener una superficie sobre la cual viajar.*

13.

NO
ROBES.

*C*uando uno
no respeta la propiedad de las cosas,
sus propias posesiones y propiedades
están en peligro.

Una persona que, por una u otra razón,
no ha sido capaz de acumular posesiones con
honestidad, puede aparentar que de cualquier forma
nadie posee nada. ¡Pero no trates
de robarle los zapatos!

Un ladrón siembra misterios en el medio ambiente:
¿qué pasó con esto? ¿qué pasó con aquello?
Los problemas que causa un ladrón
exceden muchísimo el valor
de los bienes robados.

Ante la publicidad de bienes deseables,
desgarrados por la incapacidad de hacer algo
verdaderamente valioso para adquirir
posesiones o simplemente llevados por
un impulso, los que roban se imaginan
que están adquiriendo algo valioso a bajo costo.
Pero esa es la dificultad: el costo.
Para el ladrón, el precio real
está más allá de lo creíble.
Los mayores ladrones de la historia
pagaron sus botines pasando la vida en
escondites miserables y en prisiones, con
escasos momentos de "buena vida".
Ni siquiera una gran cantidad de bienes
robados compensaría tan horrible destino.

Se reduce mucho el valor de los
bienes robados: se deben esconder, siempre
son una amenaza a la libertad.

Aún en los países comunistas,
se envía a los ladrones a prisión.

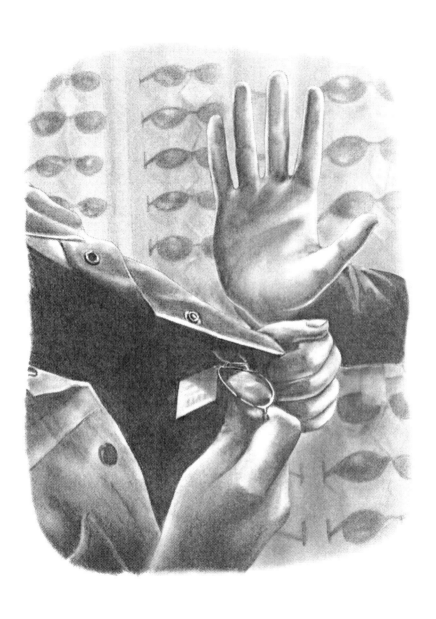

En realidad, robar simplemente equivale
a admitir que uno no se siente lo bastante capaz
para tener éxito de manera honesta.
O que tiene rasgos de locura.
Pregúntale al ladrón cuál es la razón:
es una o la otra.

No se puede viajar por el camino a la felicidad
con objetos robados.

14.

SÉ DIGNO
DE CONFIANZA.

A menos
que uno pueda tener confianza
en la fiabilidad de quienes le rodean,
él mismo está en peligro.
Cuando aquellos con quienes
contamos nos decepcionan,
nuestra vida puede volverse un
desorden y aun nuestra supervivencia
podría llegar a estar en peligro.

La confianza mutua es
el material más firme para edificar
las relaciones humanas.
Sin ella, toda la estructura
se viene abajo.

Ser digno de confianza
es una cualidad muy estimada.
Cuando la tenemos,
se nos considera valiosos.
Cuando la perdemos,
la gente puede llegar a pensar
que no valemos nada.

Deberíamos hacer
que otras personas cercanas
a nosotros exhiban esta cualidad y la
adquieran. Se volverán mucho más valiosas para
sí mismas y por lo tanto, para los demás.

14-1.

Cumple tu palabra una vez dada.

Cuando hacemos un compromiso,
una promesa o expresamos una intención
mediante un juramento, debemos cumplirlo.
Si decimos que vamos a hacer algo,
deberíamos cumplir. Si decimos
que no lo vamos a hacer,
no deberíamos hacerlo.

El respeto que tenemos por otro se basa,
en gran medida, en que la persona sea capaz
de cumplir su palabra o no. Por ejemplo, hasta
los padres se sorprenderían al ver cuánto pierden
en la opinión de sus hijos cuando
no cumplen una promesa.

Confiamos y admiramos a la gente que
cumple su palabra. Se considera
basura a quienes no lo hacen.

Aquellos que no cumplen su palabra a menudo
nunca reciben una segunda oportunidad.

Una persona que no cumple su palabra,
poco tiempo después puede encontrarse
embrollada y atrapada en todo tipo de "garantías"
y "restricciones" y hasta se le podría impedir
relacionarse normalmente con los demás.
No hay un exilio personal más completo
de nuestros semejantes que cuando
no cumplimos con las promesas
que hacemos.

Nunca deberíamos permitir
que alguien prometa algo a la ligera,
y deberíamos insistir en que cuando haga
una promesa, la debe cumplir. Nuestra vida puede
convertirse en un lío si tratamos de asociarnos
con personas que no cumplen sus promesas.
No es algo de poca importancia.

*Se viaja por el camino a la felicidad
con mucha más facilidad con personas
en quienes podemos confiar.*

15.

CUMPLE CON TUS OBLIGACIONES[32].

*A*l pasar por la vida,
es inevitable que contraigamos obligaciones.
De hecho, nacemos con ciertas obligaciones
y después tienden a acumularse.
No es una idea original ni nueva
que estamos en deuda con nuestros padres
por habernos traído al mundo, por habernos educado.
Es meritorio que nuestros padres no insistan
en esto más de lo que lo hacen.
Sin embargo, es una obligación:
hasta el niño lo siente. Y a medida que la vida
sigue su curso, se acumulan otras obligaciones
hacia otras personas, hacia los amigos,
hacia la sociedad e incluso hacia el mundo.

32. *obligación:* estado, hecho o condición de estar en deuda con otro por un servicio o favor especial recibido; un deber, contrato, promesa o cualquier otro requisito social, moral o legal que obliga a la persona a seguir o a evitar un cierto curso de acción; el sentimiento de estar en deuda con otro.

Es en extremo dañino no permitir
que una persona satisfaga o pague sus
obligaciones. Gran parte de la
"rebeldía de los hijos" es producida
por quienes se niegan a aceptar
las únicas "monedas" que tiene un bebé,
un niño o un joven para descargar "el peso de la
obligación": con frecuencia las sonrisas del bebé,
los torpes esfuerzos de un niño por ayudar,
los posibles consejos de un joven o su esfuerzo
por ser un buen hijo o una buena hija pasan
desapercibidos o no se aceptan; pueden estar
mal dirigidos, con frecuencia están mal
planteados; se desvanecen con rapidez.
Cuando tales esfuerzos no logran
satisfacer la enormidad de la
deuda, gran cantidad de mecanismos
o racionalizaciones pueden reemplazarlos:
"en realidad uno no les debe nada",
"para empezar, se me debía todo a mí",
"no pedí nacer", "mis padres o tutores no sirven
para nada", y "como sea, la vida no vale la pena",
son algunos ejemplos.
Y sin embargo, las obligaciones
se siguen acumulando.

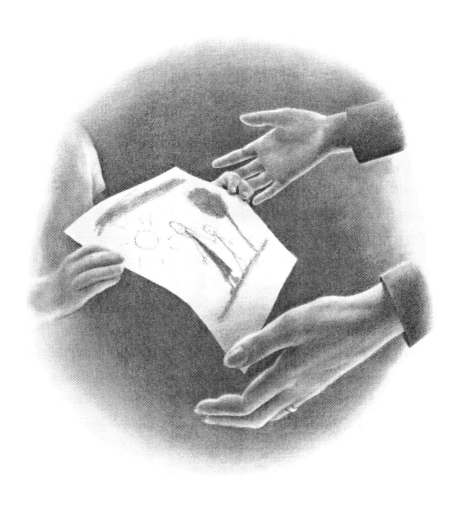

El "peso de las obligaciones"
puede ser una carga aplastante si la persona
no puede encontrar la manera de descargar
ese peso. Puede causar todo tipo
de trastornos individuales o sociales.
Cuando ese peso no se puede descargar,
y a menudo sin saberlo, aquellos
con los que la persona tiene obligaciones
serán el blanco de las reacciones
más inesperadas.

Uno puede ayudar a una persona que tiene
el dilema de las obligaciones y las deudas
que no puede pagar, con sólo repasar con ella
todas las obligaciones (morales, sociales
y financieras) que tiene y no ha cumplido,
y buscar una manera de descargar *todas*
las que la persona aún debe.

Deberíamos aceptar los esfuerzos de un niño
o de un adulto por pagar las obligaciones
no financieras que sienta que puede tener:
uno debería ayudarle a encontrar una solución
en la que ambas partes estén de acuerdo,
para cumplir con las obligaciones financieras.

Disuade a una persona
de contraer más obligaciones
de las que en realidad le sea
posible cumplir o pagar.

Es muy difícil viajar
por el camino a la felicidad
cuando se tiene que cargar con el peso
de obligaciones que se nos adeudan
o que no hemos cumplido.

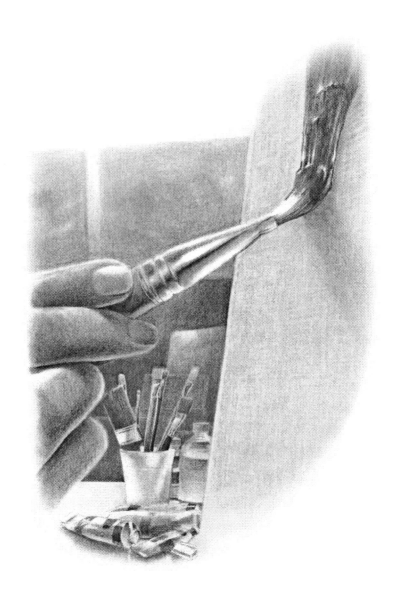

16.

SÉ INDUSTRIOSO[33].

*E*l trabajo
no siempre es placentero.

Pero pocas personas son más infelices
que las que llevan una existencia sin propósito,
ociosa y aburrida: los niños se quejan con la madre
si no tienen algo que hacer; es legendario
el abatimiento de los desempleados,
aunque cuenten con "beneficencia[34]"
o el "subsidio[35]"; el jubilado,
sin nada más por lograr en la vida,
perece a causa de su inactividad,
como lo muestran las estadísticas.

33. *industrioso:* que se aplica con energía al estudio o al trabajo; que lleva a cabo las actividades con iniciativa y determinación; lo opuesto a quien está ocioso y sin hacer nada.
34. *beneficencia:* bienes o dinero que da un organismo gubernamental a la gente necesitada o pobre.
35. *subsidio:* término usado en algunos países para beneficencia del gobierno.

Aun el turista,
atraído por la agencia de viajes
que le invita a descansar, le causa problemas
al director del viaje, si este
no lo mantiene activo.

Las penas pueden aminorarse
con sólo ocuparse de algo.

El estado de ánimo se eleva a mayores alturas
cuando una persona logra algo. De hecho,
se puede demostrar que la producción[36] es
la base de la moral.

Quienes no son industriosos,
dejan caer la carga del trabajo en quienes
los rodean. Ellos tienden a sobrecargarlos.

Es difícil convivir con personas ociosas.
Además de deprimirnos, también pueden ser
un poco peligrosas.

---

36. *producción:* la acción de terminar algo, una tarea, un proyecto o un objeto que es útil o valioso, o que simplemente vale la pena hacer o tener.

Una respuesta práctica es convencerlas a decidirse por alguna actividad y lograr que se dediquen a ella. Se encontrará que los beneficios más duraderos surgen del trabajo que conduce a una producción verdadera.

El camino a la felicidad es una carretera cuando incluye la cualidad de ser industrioso que conduzca a una producción tangible.

17.

SÉ
COMPETENTE[37].

*E*n una era
de aparatos intrincados y máquinas
y vehículos de alta velocidad, nuestra supervivencia
y la de nuestra familia y amigos depende
en gran medida de la competencia
general de los demás.

En el mercado, en las ciencias,
en las humanidades y en el gobierno,
la incompetencia[38] puede amenazar la vida
y el futuro de unas cuantas personas
o de muchas.

---

37. *competente:* capaz de hacer bien aquello a lo que uno se dedica; diestro;
hábil para hacerlo; que está a la altura de las exigencias de las actividades.
38. *incompetencia:* carecer de conocimientos, destrezas o habilidades
adecuados; inexperiencia; incapacidad; que se pueden cometer errores o
equivocaciones importantes; torpeza.

Estoy seguro que puedes recordar
muchos ejemplos de esto.

El Hombre siempre ha tenido
un impulso por controlar su destino.
La superstición, la propiciación
a los dioses adecuados, las danzas rituales
antes de una cacería, pueden considerarse
como esfuerzos por controlar el destino,
sin importar lo débiles
o vanos que sean.

No fue sino hasta
que él aprendió a pensar,
a valorar los conocimientos
y a aplicarlos con habilidad competente,
que empezó a dominar su medio ambiente.
Quizá el verdadero "regalo del cielo" ha sido
el potencial de ser competente.

En ocupaciones y actividades comunes,
el Hombre respeta la destreza
y la habilidad; en un héroe o en un atleta,
casi son objeto de adoración.

La prueba
de la verdadera competencia
es el resultado final.

El hombre sobrevive
en la medida en que
es competente.
Perece en la medida
en que es incompetente.

Estimula el logro de la competencia
en cualquier ocupación que valga la pena.
Felicítala y prémiala
siempre que la encuentres.

Exige estándares altos de rendimiento.
La prueba de una sociedad es si tú,
tu familia y tus amigos pueden vivir
en ella con seguridad o no.

Los ingredientes
para ser competente incluyen
la observación, el estudio
y práctica.

17-1.
Mira.

Observa lo que ves, no lo que otro dice
que estás viendo.

Lo que observas es lo que *tú* observas.
Mira directamente los objetos, la vida
y las personas, no los mires a través
de una nube de prejuicio, una cortina
de miedo o la interpretación de otros.

En lugar de discutir con los demás, hazlos ver.
Se pueden penetrar las mentiras más flagrantes,
se pueden exponer los mayores engaños,
se pueden resolver los acertijos más intrincados,
pueden ocurrir las revelaciones más extraordinarias
si sólo le pides a alguien con gentileza que *mire*.

Cuando alguien encuentra todo
casi demasiado confuso y difícil de soportar,
cuando está perdiendo el juicio,
sólo haz que dé un paso atrás y observe.

Por lo general, lo que encuentra
es muy obvio cuando lo ve.
Después podrá seguir adelante y
resolver la situación. Pero si no lo
observa por sí mismo, si no
lo mira, puede serle un poco
irreal y todas las instrucciones,
órdenes y castigos del mundo
no podrán resolver su confusión.

Uno puede indicar a las personas en qué
dirección mirar y sugerirles que miren:
las conclusiones dependen de ellos.

Un niño o adulto ve lo que ve y eso
es la realidad para él.

La verdadera competencia
se basa en la habilidad para observar
que tiene la persona. Con eso como realidad,
sólo entonces puede ser diestra y estar segura.

17-2.
*A*prende.

¿En alguna ocasión alguien tuvo
información falsa sobre ti?
¿Esto te causó problemas?

Eso te dará una idea del caos
que puede causar la información falsa.

También podrías tener
información falsa sobre otros.

Separar lo falso de lo verdadero
conduce a la comprensión.

Existe mucha información falsa.
La fabrican personas con malas intenciones
para lograr sus propósitos. Parte de ella viene
de la simple ignorancia de los hechos.
Y puede obstaculizar la aceptación
de información verdadera.

El proceso principal del aprendizaje
consiste en inspeccionar la información disponible,
separando lo verdadero de lo falso, lo importante
de lo que no lo es, y llegar así a conclusiones propias
que se pueden aplicar. Al hacer esto, se avanza
mucho en el camino a ser competente.

La prueba de cualquier "verdad"
es si es verdad para *ti*. Si cuando recibes
un conjunto de datos, aclaras cualesquiera
palabras malentendidas en eso y analizas la
situación, pero aún así la información no parece ser
verdadera, entonces no lo es en lo que a ti respecta.
Recházala. Y, si lo deseas, profundiza más
y concluye cuál es la verdad para *ti*.
Después de todo,
tú eres quien deberá emplearla o no,
quien deberá pensar o no con ella.
Si aceptas a ciegas "hechos" o "verdades"
sólo porque se te dice que debes aceptarlos,
"hechos" y "verdades" que no te parecen verdaderos,
o que te parecen falsos,
el resultado final puede ser desdichado.
Es el callejón que lleva
al basurero de la incompetencia.

Otro aspecto del aprendizaje
sólo exige memorizar datos: como la ortografía
de las palabras, tablas y fórmulas matemáticas,
la secuencia en que se deben oprimir algunos
botones. Pero aun en la simple memorización,
se debe conocer el propósito del material,
y cuándo y cómo emplearlo.

El proceso de aprendizaje no es sólo
apilar información sobre más información.
Es alcanzar una nueva comprensión
y mejores maneras de hacer algo.

De hecho, los que progresan en la vida
nunca dejan de estudiar y aprender. El ingeniero
competente se mantiene actualizado; el buen atleta
revisa continuamente los avances en su deporte;
todo profesional tiene a su disposición
muchos libros de texto y los consulta.

El nuevo modelo de
batidora de huevos o de lavadora
y el automóvil del último año,
todos exigen algo de estudio y
aprendizaje antes de que
alguien pueda manejarlos
en forma competente. Cuando
esto no se hace, el resultado
son accidentes en la cocina y
montones de chatarra ensangrentada
en las carreteras.

Es muy arrogante el que cree que ya
no tiene nada que aprender en la vida.
Es un individuo peligrosamente
ciego el que no puede deshacerse
de sus prejuicios e información falsa,
y reemplazarlos con hechos y
verdades que podrán ayudarlo mejor
en su vida y en la de todos los demás.

Existen formas de estudiar
de tal manera que uno realmente aprenda
y pueda emplear lo que se aprende.
En pocas palabras, debes tener un maestro
y/o textos que sepan de lo que tratan; debes aclarar
todas las palabras que no entiendas por completo;
consultar otras referencias y/o el escenario del tema;
debes encontrar la información falsa que pudieras
tener: separar lo falso de lo verdadero tomando
en cuenta lo que ahora consideras verdad.
El resultado final será certeza
y el potencial de ser competente.
De hecho, puede ser una experiencia
tan resplandeciente y satisfactoria como escalar
una montaña peligrosa a través de zarzas,
hasta llegar a la cumbre para descubrir
una visión nueva de todo el amplio mundo.

Para sobrevivir,
una civilización debe cuidar
los hábitos y habilidades de estudio
en sus escuelas. Una escuela no es un lugar
donde se envía a los hijos para que no estorben
durante el día. Sería un gasto extremo
si sólo tuviera esa finalidad. Tampoco es
un lugar donde se fabrican loros. La escuela
es donde debemos aprender a estudiar
y donde los jóvenes pueden prepararse
para hacer frente a la realidad,
aprender a manejarla competentemente
y estar preparados para hacerse cargo
del mundo del mañana, el mundo
en que los que ahora son adultos
estarán en su edad madura
o en su vejez.

El criminal empedernido
nunca aprendió a aprender. Repetidamente,
los tribunales han tratado de enseñarle que si vuelve
a cometer un crimen, regresará a prisión: la mayoría
vuelve a cometer el mismo crimen y regresa a prisión.
De hecho, los criminales son la causa de que se
aprueben cada vez más leyes: el ciudadano decente
es el que las obedece; los criminales, por definición,
no lo hacen: los criminales no pueden aprender.
No existen órdenes, indicaciones, castigos
o coacción que puedan lograr algo
en un individuo que no sabe
aprender y no puede hacerlo.

Una característica del gobierno
que se ha vuelto criminal (como ha sucedido
algunas veces en la historia) es que sus líderes no
pueden aprender: los archivos y el sentido común
pueden decirles que el desastre sigue a la opresión;
sin embargo se necesitó una revolución violenta
para resolver esto o una Segunda Guerra Mundial
para deshacerse de un Hitler y esos fueron sucesos
muy desdichados para la Humanidad. Esas personas
no aprendieron. Se deleitaron con información falsa.
Rechazaron toda evidencia y toda verdad.
Fue necesario destruirlas.

Los dementes no pueden aprender.
Impulsados por intenciones malignas
que están ocultas, o al estar oprimidos más allá
de su habilidad para razonar, los hechos, la verdad
y la realidad están muy por encima de su realidad.
Personifican la información falsa. En realidad
no percibirán ni aprenderán o no pueden
percibir ni aprender realmente.

Una multitud de problemas sociales
y personales surgen de la inhabilidad
para aprender o de negarse a hacerlo.

La vida de algunas personas cercanas a ti
se ha descarriado porque no saben estudiar,
porque no aprenden. Es probable que
puedas pensar en algunos ejemplos.

Si no podemos hacer que quienes nos
rodean estudien y aprendan, nuestro trabajo
puede ser más difícil y excesivo, y nuestro potencial
de supervivencia puede reducirse mucho.

Uno puede ayudar a otros
a estudiar y aprender si tan solo
pone a su alcance la información que
deberían tener. Uno puede ayudar con
sólo reconocer lo que han aprendido.
Uno puede ayudar apreciando cualquier
demostración de mayor competencia.
Si lo desea, puede hacer algo más:
es posible auxiliar a otros ayudándolos,
sin discutir, a descartar información falsa,
ayudándolos a encontrar y aclarar
palabras que no hayan entendido,
ayudándolos a encontrar y resolver
las razones por las que no
estudian ni aprenden.

Como la vida es, en su mayor parte,
ensayos y errores, en lugar de reprender
a quien comete un error, averigua por qué
lo cometió y ve si puede aprender algo de él.

En ocasiones te podría sorprender
que con sólo hacer que una persona estudie
y aprenda seas capaz de desenredar su vida;
estoy seguro de que puedes pensar en muchas
maneras de hacerlo. Y creo que encontrarás
que las mejores son las que incluyen bondad.
El mundo ya es suficientemente brutal
para las personas que no pueden aprender.

17-3.
Practica[39].

El aprendizaje rinde frutos cuando se aplica.
Por supuesto, se puede buscar la sabiduría
por sí misma: existe en ella cierta belleza.
Pero, a decir verdad, nunca sabremos
si somos sabios o no hasta ver
los resultados de tratar
de aplicarla.

Cualquier actividad, habilidad o profesión,
cavar zanjas, ser abogado, ser ingeniero,
cocinar o lo que sea, sin importar lo bien
que se haya estudiado, finalmente
se enfrenta a esta prueba decisiva:
¿podemos HACERLO?
Y hacerlo requiere *práctica*.

Los dobles de cine que no practican primero,
se lastiman. También las amas de casa.

39. *practicar:* ejercitar o ejecutar repetidamente para adquirir o pulir una habilidad.

En realidad, la seguridad
no es un tema popular. Debido a que
normalmente va acompañada de "ten cuidado"
y "ve despacio", las personas pueden sentir
que se les está limitando.
Pero existe otro enfoque:
si en verdad ha practicado, la habilidad
y destreza de una persona serán tales que no es
necesario "tener cuidado" o "ir despacio".
Sólo la práctica hace posible que
la alta velocidad de movimientos sea segura.

Nuestras habilidades y destrezas deben
elevarse al nivel de velocidad de la era
en que vivimos, y eso se logra
con la práctica.

Uno puede entrenar su cuerpo, sus ojos, sus manos
y pies, hasta que, con la práctica, en cierto modo
"llegan a saber". Ya no tiene que "pensar"
para encender la estufa o estacionar el automóvil:
sólo lo HACE. En cualquier actividad,
gran parte de lo que se considera "talento"
en realidad sólo es *práctica*.

Si no se planea cada movimiento
que se llevará a cabo para hacer algo y luego
se repite una y otra vez hasta poder hacerlo
sin pensar y hacerlo con velocidad y precisión,
podemos preparar el escenario
para tener accidentes.

Las estadísticas tienden a confirmar
que la gente que ha practicado menos,
tiene más accidentes.

El mismo principio se aplica a los oficios
y profesiones en que se emplea ante todo la mente.
El abogado que no ha practicado, practicado y
practicado los procedimientos del tribunal,
tal vez no ha aprendido a cambiar su enfoque mental
con suficiente rapidez para hacer frente a las
novedades del caso y lo pierda. Un corredor de
bolsa inexperto y sin práctica, podría perder
una fortuna en minutos. Un vendedor
nuevo que no ha ensayado la forma de vender,
puede morir de hambre por falta de ventas.
¡La respuesta correcta es
practicar, practicar, practicar!

A veces uno encuentra que no puede aplicar
lo que ha aprendido. De ser así, los errores
se atribuyen al estudio inadecuado, al maestro
o al texto. Leer las instrucciones es una cosa;
a veces es algo totalmente distinto
intentar aplicarlas.

En ocasiones, cuando no llegamos a ninguna parte
con la práctica, es necesario deshacernos
del libro y empezar desde el principio.
Es lo que sucedió en el campo
de las grabaciones de sonido para películas:
si siguiéramos lo que dicen los textos
de grabación, no lograríamos que el canto
de un pájaro sonara mejor que una sirena
de niebla. Es por eso que en algunas películas
no se entiende lo que dicen los actores.
El buen grabador de sonido tiene que descubrir
todo por sí mismo para poder hacer su trabajo.
Pero en ese mismo campo del cine,
también sucede todo lo contrario:
existen varios libros sobre iluminación
que son excelentes: si se siguen con exactitud,
se logra una escena muy bella.

Es lamentable, en particular en una sociedad
en que la tecnología alcanza altas velocidades,
que no todas las actividades se expliquen
de manera adecuada en textos
que se puedan entender, pero eso
no debe detenernos. Cuando haya textos buenos,
valóralos y estúdialos bien; cuando no,
reúne los datos disponibles, estúdialos
y descubre lo que falta.

Pero la teoría y la información florecen
sólo cuando se aplican y se aplican con práctica.

Estamos en peligro cuando
quienes nos rodean no practican sus habilidades
hasta realmente poder HACERLAS. Existe una
vasta diferencia entre "bastante bien" y hacerlo
con la habilidad y destreza de un profesional.
Ese abismo se supera con la *práctica*.

Haz que las personas observen,
estudien, lo resuelvan y luego lo hagan.
Y cuando lo hagan bien, haz que
practiquen, practiquen, practiquen,
hasta que lo puedan hacer
como profesionales.

Existe mucho gozo en la habilidad,
en la destreza y en moverse rápido:
sólo puede hacerse con seguridad
cuando se tiene la práctica.
Tratar de vivir en un mundo
de alta velocidad con personas
de baja velocidad no es muy seguro.

*Se viaja mejor en el camino a la felicidad
cuando se tienen compañeros competentes.*

18.

RESPETA LAS CREENCIAS RELIGIOSAS DE LOS DEMÁS.

*L*a tolerancia es
una buena piedra angular sobre la cual construir
las relaciones humanas. Cuando observamos
la matanza y el sufrimiento que ha causado
la intolerancia religiosa a lo largo
de la historia del Hombre
y en los tiempos modernos,
podemos ver que la intolerancia
es una actividad muy contraria
a la supervivencia.

Tolerancia religiosa no significa que no podamos
expresar nuestras creencias. Sí significa que tratar
de minar o atacar la fe y las creencias religiosas
de otro siempre ha sido el camino
más corto a las dificultades.

Desde la época de la antigua Grecia, los filósofos
han discutido sobre la naturaleza de Dios,
del Hombre y del universo. Las opiniones
de las autoridades van de un extremo a otro:
ahora están de moda las filosofías
del "mecanicismo[40]" y del "materialismo[41]",
que se remontan al Antiguo Egipto y a Grecia:
tratan de afirmar que todo es materia y pasan
por alto que, incluso cuando sus explicaciones
de la evolución pueden parecer muy claras, todavía
no excluyen factores *adicionales* que podrían estar
en juego, y que simplemente podrían usar factores
como la evolución. Son las filosofías "oficiales"
de hoy y hasta se enseñan en las escuelas.
Tienen fanáticos que atacan las creencias
y las religiones de los demás:
el resultado puede ser
la intolerancia y la contienda.

40. *mecanicismo:* la opinión de que toda vida es únicamente materia en movimiento y que se puede explicar totalmente mediante leyes físicas. La expusieron Leucipo y Demócrito (460 a. C. a 370 a. C.) quienes pudieron haberla adquirido de la mitología egipcia. Los seguidores de esta filosofía sintieron que tenían que abandonar la religión porque no podían reducirla a sus matemáticas. Fueron atacados por intereses religiosos y ellos, a su vez, atacaron a las religiones. Robert Boyle (1627–1691) quien desarrolló la Ley de Boyle en física, lo refutó preguntando si la naturaleza podía o no tener diseños como la materia en movimiento.
41. *materialismo:* cualquiera de una familia de teorías metafísicas que ven el universo como si consistiera de objetos duros como piedras, muy grandes o muy pequeñas. Estas teorías buscan explicar cosas como la mente diciendo que se pueden reducir a objetos físicos o a sus movimientos. El materialismo es una idea muy antigua. Existen otras ideas.

Si todas las mentes más brillantes,
a partir del siglo quinto a. C., o de siglos anteriores,
no han podido ponerse de acuerdo en el tema
de la religión o la antirreligión, se trata de una arena
de combate entre las personas, de la que
nos convendría quedar fuera.

En este mar de contiendas,
ha emergido un brillante principio:
el derecho a creer lo que uno elija.

La "fe" y las "creencias"
no necesariamente se someten a la lógica:
ni siquiera se puede declarar que son ilógicas.
Podrían ser campos muy lejanos entre sí.

Cualquier consejo
que pudieras dar a otro
en este tema es más seguro
cuando simplemente afirma el derecho
a creer lo que uno elija. Uno tiene la libertad
de presentar sus creencias y tratar de que otros
las acepten. Uno se pone en riesgo al intentar atacar
las creencias de otros, y es un riesgo mucho mayor
atacar y tratar de dañar a los demás
por sus convicciones religiosas.

El Hombre, desde los albores de la especie,
ha encontrado gran consuelo y gozo
en sus religiones. Hasta el "mecanicista"
y el "materialista" de hoy en día, hablan
casi como los sacerdotes de la antigüedad
cuando diseminan sus dogmas.

Los hombres que carecen de fe son bastante infelices. Se les puede dar algo en qué tener fe. Pero si alguien tiene creencias religiosas, respétalas.

El camino a la felicidad puede volverse conflictivo cuando no respetamos las creencias religiosas de los demás.

19.

TRATA DE NO HACER A LOS DEMÁS LO QUE NO TE GUSTARÍA QUE TE HICIERAN A TI.

*E*n muchas
épocas, en muchos pueblos
y en muchas tierras, han existido versiones
de lo que comúnmente se conoce como
"La Regla de Oro[42]".
Lo anterior es una redacción
de ella que se relaciona con actos dañinos.

42. *"La Regla de Oro":* aunque los cristianos la consideran cristiana y se encuentra en el Nuevo y el Antiguo Testamento, muchas otras razas y pueblos hablaron de ella. También aparece en las *Analectas* de Confucio (siglos quinto y sexto a. C.) quien a su vez la citó de obras más antiguas; también se encuentra en tribus "primitivas". De una forma u otra aparece en los antiguos trabajos de Platón, Aristóteles, Isócrates y Séneca. Por miles de años, el Hombre la ha considerado una norma de conducta ética. Sin embargo, las versiones que se dan en este libro se acaban de redactar, ya que en versiones anteriores se creía que era demasiado idealista para llevarse a la práctica. Es posible llevar a la práctica la versión que aquí se presenta.

Sólo un santo podría pasar
por la vida sin jamás dañar a otros.
Pero sólo un criminal lastima
a los que lo rodean
sin pensarlo dos veces.

Sin tomar en cuenta
los sentimientos de "culpa" o "vergüenza"
o "remordimiento de conciencia", que pueden ser
bastante reales y dañinos, también es cierto
que el daño que causamos a otros puede
regresar a nosotros.

No todas las acciones dañinas
son reversibles: se pueden cometer
acciones contra otro que no se pueden
descartar ni olvidar. El asesinato es una
de estas acciones. Podemos ver cómo una
severa violación de casi cualquiera
de los preceptos que contiene este libro,
podría volverse una acción dañina
irreversible contra otro.

Arruinar la vida de otro puede destrozar
la propia. La sociedad reacciona; las prisiones
y los manicomios están llenos de personas que
dañaron a sus semejantes. Pero existen
otros castigos: ya sea que se atrape a la persona
o no, cometer acciones dañinas contra otros,
en especial cuando se ocultan, puede causar
que la persona sufra severos cambios
en sus actitudes hacia los demás
y hacia sí mismo, todos ellos infelices.
La felicidad y el gozo de la vida desaparecen.

Esta versión de "La Regla de Oro" también es útil
como prueba. Cuando alguien persuade a otro
a que la aplique, en realidad puede comprender
lo que *es* una acción dañina. Le responde
lo que es *dañar*. La pregunta filosófica sobre
las *malas acciones*, la discusión sobre
lo que está mal se contesta de inmediato
desde un punto de vista personal:
¿no te gustaría que esto te sucediera?
¿No? Entonces debe ser una acción dañina y, desde
el punto de vista de la sociedad, una mala acción.
Puede despertar la conciencia social, puede
permitirte distinguir lo que deberías hacer
de lo que no deberías hacer.

En una época en que
algunos individuos sienten que no existe
restricción alguna a cometer acciones dañinas,
el potencial de supervivencia del individuo
se hunde a un nivel muy bajo.

Si puedes persuadir
a las personas para que pongan
esto en práctica, les habrás dado
un precepto con el que podrán evaluar
su propia vida y, para algunas, habrás abierto
la puerta para que puedan reincorporarse
a la raza humana.

El camino a la felicidad está cerrado
para aquellos que no se restringen
de cometer acciones dañinas.

20.

INTENTA TRATAR A LOS DEMÁS COMO TE GUSTARÍA QUE TE TRATARAN.

*E*sta es una versión
positiva de "La Regla de Oro".

No te sorprendas
si alguien parece resentirse
cuando le dicen que "sea bueno".
Pero es posible que el resentimiento
no venga de la idea de "ser bueno":
tal vez brota del hecho de que
la persona tiene un malentendido
de lo que eso significa.

Podríamos meternos en gran cantidad
de opiniones y confusiones conflictivas
sobre lo que podría ser "buena conducta".
Tal vez alguien nunca haya entendido
por qué se le dio cierta calificación
en "conducta" (incluso cuando el maestro
sí lo haya entendido). Es posible que incluso
se le haya dado información falsa al respecto
o que él la haya asumido: "A los niños
se les debe ver pero no escuchar",
"ser bueno es estar inactivo".

Sin embargo, existe una forma de aclarar
todo a nuestra completa satisfacción.

En todas las épocas
y en la mayoría de los lugares,
la Humanidad ha respetado y reverenciado
ciertos valores llamados virtudes[43].
Se han atribuido a los sabios,
a los hombres que viven con pureza
y bondad, a los santos y a los dioses.
Han marcado la diferencia entre
una persona bárbara y una persona culta;
han marcado la diferencia entre el caos
y una sociedad decente.

---

43. *virtudes:* las cualidades ideales en la buena conducta humana.

No se necesita en absoluto un mandato
del cielo ni la búsqueda tediosa
en los gruesos tomos de los filósofos
para descubrir lo que es "bueno".
Puede ocurrir una revelación personal
en este tema.

Casi cualquier persona podrá
encontrar la respuesta.

Si pensáramos cómo nos gustaría
que otros nos trataran, descubriríamos
las virtudes humanas. Sólo busca la manera
en que te gustaría que otros *te* trataran.

Es posible que, ante todo,
quieras que te traten con *justicia:*
no te gustaría que los demás mintieran
sobre ti ni que te condenaran
con falsedad o dureza.
¿De acuerdo?

Querrías que tus amigos
y compañeros fueran *leales:*
no te gustaría que te traicionaran.

Querrías que te trataran
a la manera de un buen deportista,
que no te embaucaran
ni te hicieran trampa.

Querrías que las personas
fueran *justas* al tratar contigo.
Querrías que fueran *honestas*
contigo y que no te engañaran.
¿Correcto?

Tal vez quieras
que se te trate con *bondad*
y no con crueldad.

Es posible que quieras
que las personas tomen en *consideración*
tus derechos y sentimientos.

Cuando te sintieras deprimido,
tal vez te gustaría que
otros te *compadecieran*.

Tal vez desearías
que otros mostraran
control de sí mismos en lugar
de que te atacaran.
¿Cierto?

Si tuvieras algún defecto o imperfección,
si cometieras un error, es probable
que quisieras que los demás
fueran *tolerantes,* no críticos.

Tal vez prefieras que las personas
sean capaces de *perdonar,*
en lugar de concentrarse
en la censura y el castigo.
¿Correcto?

Tal vez querrías que las personas
fueran *benévolas* contigo,
no malas ni mezquinas.

Es posible que desees
que otros *crean en ti,*
que no duden de ti siempre.

Es probable que prefieras
que se te *respete,*
y no que se te insulte.

Es posible que quieras
que otros sean *amables* contigo
y que también te traten con *dignidad.*
¿Verdad?

Tal vez quieras
que la gente te *admire*.

Cuando has hecho algo por ellas,
es posible que quieras
que las personas te *aprecien*.
¿Correcto?

Es probable que quieras
que sean *amigables* contigo.

De algunos podrías
querer *amor.*

Y sobre todo,
no querrías que estas personas
sólo aparentaran estos sentimientos,
querrías que sus actitudes fueran
completamente reales y que
actuaran con *integridad*.

Tal vez podrías
pensar en otras virtudes.
Y están los preceptos que
contiene este libro. Pero sobre todo
habrás encontrado un compendio
de lo que llamamos
las *virtudes*.

No se requiere
de una gran imaginación
para reconocer que si los demás
nos trataran de este modo regularmente,
nuestra vida estaría en un nivel placentero.
Y es dudoso que alguien acumulara
mucho rencor hacia quienes
le trataran de esta manera.

Ahora bien, hay un fenómeno[44]
interesante en juego en las relaciones humanas.
Cuando una persona le grita a otra,
esta siente el impulso
de responder gritando. Casi siempre
se nos trata de manera muy parecida
a como tratamos a los demás:
de hecho, ponemos el ejemplo
de cómo se nos debería tratar.
A es malo con B, por lo tanto B es malo con A.
A es amistoso con B, por lo tanto B es amistoso con A.
Estoy seguro de que has visto esto
en acción continuamente.
Jorge odia a todas las mujeres, por consiguiente,
las mujeres tienden a odiar a Jorge.
Carlos es rudo con todos, así que los demás
tienden a actuar con rudeza hacia él,
y si no se atreven a hacerlo abiertamente,
es posible que en privado abriguen
un impulso de actuar con mucha rudeza
hacia Carlos si alguna vez
tuvieran la oportunidad.

---

44. *fenómeno:* hecho o evento observable.

En el mundo irreal de la ficción y las películas,
se ven villanos corteses con pandillas muy eficientes
y héroes solitarios que en realidad son unos patanes[45].
La vida real no es así: por lo general,
los verdaderos villanos son personas muy rudas,
y sus secuaces lo son aún más; Napoleón y Hitler
fueron traicionados a diestra y siniestra
por su propia gente. Los verdaderos héroes
son las personas más discretas al hablar
que hayas conocido y son muy corteses
con sus amigos.

Cuando tenemos la suerte de conocer y hablar
con los hombres y mujeres que han llegado a la cima
en sus profesiones, nos impresiona la observación
que a menudo se hace de que son probablemente
las personas más gentiles que jamás hayas conocido.
Es una de las razones de que estén en la cima:
casi todas ellas intentan tratar bien a los demás.
Y quienes están cerca de ellas responden
intentando tratarlas bien e incluso
perdonando los pocos errores
que puedan cometer.

45. *patán:* persona de modales rudos, torpes y sin refinamiento.

Muy bien: podemos encontrar
por nosotros mismos las virtudes humanas
al reconocer cómo nos gustaría que se nos tratara.
Y supongo que estarás de acuerdo en
que basándonos en eso podríamos resolver cualquier
confusión respecto a lo que es
en realidad la "buena conducta". Dista mucho
de ser inactivo, de sentarse quieto con las manos
en el regazo y no decir nada. "Ser bueno" puede
ser una fuerza muy viva y poderosa.

Se encuentra muy poca alegría
en la solemnidad melancólica y restringida.
Cuando algunas personas de épocas pasadas
dieron a entender que la práctica de la virtud
exigía una vida severa y deprimente, parecían dar
a entender que todo placer brotaba de la maldad:
nada podía estar más lejos de los hechos.
¡La alegría y el placer *no* surgen
de la inmoralidad! ¡Al contrario! La alegría
y el placer surgen sólo en los corazones honestos:
las personas inmorales llevan vidas muy trágicas,
llenas de sufrimiento y de dolor. Las virtudes
humanas nada tienen que ver con la melancolía.
Son la cara brillante de la vida misma.

¿Qué crees que pasaría si intentáramos
tratar a los que nos rodean con

justicia,
lealtad,
a la manera de un buen deportista,
con imparcialidad,
honestidad,
bondad,
consideración,
compasión,
control de uno mismo,
tolerancia,
perdón,
benevolencia,
fe,
respeto,
amabilidad,
dignidad,
admiración,
amistad,
amor,
y lo hiciéramos con *integridad*?

Tal vez se requiera tiempo
pero ¿no crees que muchos otros
empezarían a intentar tratarnos
de la misma manera?

Incluso dando margen
a errores ocasionales (la noticia
que nos sorprende casi haciéndonos perder
los estribos, el ladrón al que tenemos que golpear
en la cabeza, el imbécil que conduce con lentitud
en el carril de alta velocidad cuando se nos hace tarde
para llegar al trabajo) debiera ser claro que
nos elevaríamos a un nuevo plano
en las relaciones humanas.
Nuestro potencial de supervivencia aumentaría
de forma considerable. Y seguramente,
la vida sería más feliz.

Uno *puede* influir
en la conducta de quienes
le rodean. Si no es que ya lo está
haciendo, se puede facilitar mucho
más con sólo escoger una virtud al
día y especializarnos en ella
durante ese día. Al hacerlo así,
al final las tendrá todas.

Además del beneficio personal,
podríamos ayudar aunque sea un poco
a empezar una nueva era en las relaciones humanas.

El guijarro que se arroja en un estanque,
puede producir ondas que llegan
hasta la orilla más lejana.

El camino a la felicidad
se hace mucho más brillante
al aplicar el precepto,
"Intenta tratar a los demás
como te gustaría que te trataran".

21.

FLORECE[46]
Y PROSPERA[47].

A veces otros tratan
de aplastarlo a uno, de minimizar sus sueños
y esperanzas, su futuro
y a su persona.

Poniéndonos en ridículo y por
muchos otros medios, las personas
malintencionadas pueden tratar
de llevarnos a la ruina.

---

46. *florecer:* encontrarse en un estado de actividad y producción; expandirse en influencia; tener éxito; ir visiblemente bien.
47. *prosperar:* lograr el éxito económico; tener éxito en todo lo que se emprende.

Por la razón que sea,
nuestros esfuerzos por mejorar,
por ser más felices en la vida,
se pueden volver el blanco de ataques.

A veces es necesario encargarse de esto
directamente. Pero existe una manera
de resolverlo a largo plazo que rara vez falla.

¿Qué es con exactitud lo que estas personas
tratan de hacernos? Tratan de empujarnos
a una posición inferior.

Deben pensar que somos peligrosos
para ellas en alguna forma: deben creer
que si progresáramos en el mundo,
eso sería una amenaza para ellas.
Por eso tratan de minimizar
nuestro talento y capacidad
de diversas formas.

Algunos dementes incluso tienen
un plan general que dice:
"Si A tiene más éxito,
puede ser una amenaza para mí;
por lo tanto, debo hacer todo lo posible
para lograr que A tenga menos éxito".
Al parecer, nunca se les ha ocurrido
que sus acciones podrían convertir a A
en su enemigo, aunque no lo haya sido antes.
Podría decirse que esta es una forma casi segura
en que estos dementes se meten en problemas;
algunos lo hacen sólo por prejuicio
o porque "alguien les desagrada".

Pero, sin importar cómo traten
de hacerlo, su verdadero propósito,
como tal, es hacer que la persona
que es su objetivo se empequeñezca
y fracase en la vida.

La manera de resolver realmente
esta situación y de manejar a estas personas,
la manera de vencerlas es florecer y prosperar.

Ah sí, es cierto que tales personas,
al ver que uno mejora su suerte,
pueden ponerse frenéticas
y atacar con más fuerza.
Lo que hay que hacer es encargarse
de ellas si uno debe hacerlo,
pero no dejar de florecer y prosperar,
ya que eso es lo que tales personas
quisieran que hicieras.

Si floreces
y prosperas cada vez más,
tales personas caerán
en apatía al respecto:
pueden darse por vencidas
completamente.

Si nuestras metas en la vida
valen la pena, si las llevamos
a cabo teniendo en cuenta
los preceptos de este libro,
si florecemos y prosperamos,
con toda seguridad saldremos
vencedores. Y con optimismo,
sin dañar un solo cabello
de sus cabezas.

*Y ese es mi deseo para ti:
¡florece y prospera!*

EPÍLOGO

La felicidad
se encuentra en emprender actividades
que valgan la pena, pero sólo existe una persona
que podrá decirte con certeza
lo que te hará feliz; tú mismo.

Los preceptos que se dan en este
libro son en realidad los límites del camino:
al violarlos, somos como el automovilista
que se precipita hacia el borde; el resultado
puede ser la ruina del momento,
de una relación, de una vida.

Sólo tú puedes decir adónde va el camino,
ya que tú estableces las metas para una hora,
para una relación, para una etapa de la vida.

En ocasiones, uno puede sentirse como una hoja
al viento en una calle sucia, puede sentirse
como un grano de arena atorado en algún lugar.
Pero nadie ha dicho que la vida sea algo ordenado
y lleno de calma: no lo es. No somos una hoja raída,
ni un grano de arena: podemos, en mayor o menor
grado hacer un mapa del camino y seguirlo.

Podemos sentir que todo ha llegado
a tal punto que es demasiado tarde para hacer
algo al respecto, que nuestro camino del pasado
estuvo tan mal que no tenemos la oportunidad
de trazar un futuro que sea diferente:
siempre existe un punto en el camino
en el que se puede trazar uno nuevo.
Y tratar de seguirlo. No existe
una persona viva que no pueda
empezar de nuevo.

Podemos decir,
sin temor a que nos contradigan,
que otros pueden reírse de nosotros y tratar
por diversos medios de sacarnos del camino,
tentarnos a llevar una vida inmoral:
tales personas lo hacen para lograr
sus propios fines y si les hacemos caso,
acabaremos en la tragedia y el pesar.

Claro que tendremos pérdidas ocasionales
al tratar de aplicar este libro y lograr que
se aplique. Simplemente deberíamos aprender
de estas experiencias y seguir adelante.
¿Quién dijo que el camino no tenía baches?

Aun así, se puede viajar en él. El hecho
de que las personas puedan caer no significa
que no puedan volver a levantarse
y seguir adelante.

Si uno respeta los límites del camino,
no puede equivocarse demasiado.
El verdadero entusiasmo, felicidad y alegría
provienen de otras cosas, no de vidas destrozadas.

Si puedes hacer que otros sigan el camino, tendrás
suficiente libertad para darte una oportunidad
de descubrir qué es la verdadera felicidad.

El camino a la felicidad es una carretera
de alta velocidad para quienes saben
dónde se encuentran los límites.

Tú eres el conductor.

Buen viaje.

El Camino a la Felicidad

GLOSARIO EDITORIAL
DE PALABRAS, TÉRMINOS Y FRASES

Las palabras a menudo tienen varios significados. Las definiciones que se usan aquí sólo dan el significado que tiene la palabra según se usa en este libro. Al lado de cada definición encontrarás la página en que aparece por vez primera para que puedas remitirte al texto si quieres. Las definiciones que aparecen como notas a pie de página a lo largo del libro, fueron escritas por el autor y se incluyen aquí para que sea fácil referirse a ellas y se señala cuando ocurren con su número de página.

— Los Editores

abatimiento: tendencia a pensar o comportarse de forma carente de esperanza, con desánimo y decaimiento. Pág. 111.

abiertamente: no oculto ni secreto; de modo que pueda verse. Pág. 184.

abrigar: referido especialmente a ideas o deseos, tenerlos o albergarlos. Pág. 184.

abrir la puerta: crear una oportunidad; proporcionar los medios para obtener o alcanzar algo. Pág. 162.

abrumador: que agobia o causa gran molestia. Pág. 32.

abundar en: tener una gran cantidad de cosas. Pág. 24.

a. C.: antes de Cristo. Pág. 154.

académico: de, relacionado con, o característico de una escuela u otras instituciones educativas. Pág. 48.

ácido sulfúrico: líquido aceitoso, altamente corrosivo, que se usa en baterías y en la fabricación de muchos productos como explosivos, detergentes, tintes y sustancias químicas. El carbón ardiente (que se usa en muchas instalaciones de producción) produce una nube de ácido sulfúrico en el aire, la cual convierte la lluvia en lluvia ácida, causando daño a plantas y peces, y deterioro a las piedras y materiales de construcción. Pág. 82.

acuerdo mutuo: acuerdo compartido entre dos o más personas, grupos, países, etc. *Mutuo* significa que se posee en común; de o perteneciente a dos o más; compartido. Pág. 40.

adherirse: permanecer ligado o fiel a algo; negarse a abandonar o a cambiar (un principio o una opinión). Pág. 30.

a la larga: se refiere a un periodo en el futuro; al final. Pág. 34.

albores de la especie: la primera aparición o comienzo de la Humanidad en la Tierra. *Albor* significa el principio (de algo) o la etapa inicial de un proceso de desarrollo y *especie* es la raza humana. Pág. 155.

allanar el camino: quitar obstrucciones, obstáculos o dificultades de un curso o sendero. Pág. 67.

a merced de: sin ninguna protección contra algo; enteramente bajo el poder de algo, o indefenso ante ello. Pág. 54.

analectas: selecciones de los escritos de un autor y comúnmente se usa como un título, especialmente cuando se publican como una colección, como en *"las Analectas de Confucio"*. Pág. 159.

añicos, hacerse: romperse en partes; desintegrarse. Literalmente, *hacerse añicos* significa romperse en pedazos como de un solo golpe. Pág. 26.

a pesar de todo: sin tomar en cuenta; sin que le afecte el factor específico que se menciona. Pág. 41.

aristocracia: gobierno formado por unos cuantos que tienen privilegios, rangos o posiciones especiales; regido por unos cuantos miembros de la élite que están por encima de la ley general; un grupo que por su nacimiento o posición es "superior a todos los demás" y que puede hacer leyes o aplicarlas a otros, pero consideran que las leyes no los afectan a ellos. (De la *nota a pie de página del autor*). Pág. 60.

Aristóteles: (384–322 a. C.) filósofo, educador y científico griego, considerado el más erudito y culto de los filósofos de la antigua Grecia. Sus obras abarcaron todas las ramas del conocimiento humano conocido en su tiempo, lo que incluye la lógica, la ética, la ciencia natural y la política. Pág. 159.

arreglo: conciliación de diferencias en la cual cada parte cede en algún punto, mientras retiene otros, alcanzando de esta manera un mutuo acuerdo. (De la *nota a pie de página del autor*). Pág. 40.

asesinar: matar ilegalmente a uno o más seres humanos, especialmente con malicia y premeditación (que antes del hecho, se tiene la intención de cometerlo). (De la *nota a pie de página del autor*). Pág. 53.

atacar: lanzarse contra alguien con la intención de hacer daño. Pág. 70.

atmósfera: capa de gases que rodea la Tierra y otros astros. Pág. 82.

B

bajos recursos: se refiere a personas que tienen ingresos relativamente bajos o a lo que estas personas usan. *Viviendas para personas de bajos recursos* serían casas para quienes tienen poco ingreso. Y a menudo, se desarrollan y se construyen específicamente con ese público en mente, con la ayuda financiera del gobierno local o federal. Pág. 80.

bárbaro: incivilizado, sin cultura, refinamiento o educación. Pág. 76.

basurero de la incompetencia: en sentido figurado, un lugar donde se tiran y se dejan la incapacidad, la falta de destreza o la ineficacia. Pág. 126.

beneficencia: bienes o dinero que da un organismo gubernamental a la gente necesitada o pobre. (De la *nota a pie de página del autor*). Pág. 111.

benévolas: que muestran bondad o buena voluntad, que desean ayudar a otros; generosas. Pág. 176.

benigno: que tiende a ser benéfico en su naturaleza o influencia o que produce un resultado favorable. Pág. 67.

borde: 1. Cualquiera de ambos lados a lo largo de un camino, usualmente sin pavimentar, como en *"el automovilista que se precipita hacia el borde"*. Pág. 203.
2. Literalmente, el extremo de algo, por lo tanto el punto en que algo empieza, como en *"desde la primera infancia hasta que llegan al borde de la edad adulta"*. Pág. 36.

botín: dinero o valores robados, a menudo tomados con violencia o a la fuerza. Pág. 92.

budista: relacionado con el budismo; una religión conocida en todo el mundo que se basa en las enseñanzas de Siddarta Gautama Buda (563–483? a. C.) que afirma que un estado de iluminación puede alcanzarse superando los deseos mundanos. Buda significa "El Iluminado". Pág. 26.

buen viaje: forma de expresar buenos deseos cuando alguien se va. Pág. 206.

C

calificación: marca o grado en exámenes y en cursos escolares que indican la calidad relativa del trabajo de un estudiante en la escuela. Pág. 166.

callejón: ruta o curso de acción. Un *callejón* es un pasadizo o calle angosta, especialmente una que pasa entre los edificios o detrás de ellos. Pág. 126.

cambiar el enfoque mental: cambiar las ideas, los conceptos, etc., para manejar algo como un problema o situación. Pág. 144.

caos: gran confusión, desorden; destrucción. Pág. 48.

caótica: que tiene el carácter o la naturaleza de desorden o confusión total. (De la *nota a pie de página del autor*). Pág. 7.

caso: **1.** El estado real de cosas, como en *"Este ya no es el caso si es que lo fue alguna vez"*. Pág. 24.
2. Una ocasión de algo; un suceso; un ejemplo, como en *"algunos incluso nacen drogadictos: pero tales casos son muy raros"*. Pág. 32.
3. Un asunto que se examina o se juzga en un tribunal, como en *"El abogado que no ha practicado, practicado y practicado los procedimientos del tribunal, tal vez no ha aprendido a cambiar su enfoque mental con suficiente rapidez para hacer frente a las novedades del caso y lo pierda"*. Pág. 144.

casual: que ocurre de forma imprevista y sin haber una intención para ello. Pág. 58.

censura: expresión de fuerte desaprobación o crítica severa. Pág. 174.

civismo: el estudio de los principios y la estructura del gobierno (en su relación con los ciudadanos). Pág. 66.

coacción: compulsión para hacer algo o no hacerlo que es el resultado de presión, fuerza o amenazas. Pág. 134.

codificar: arreglar y clasificar, especialmente las leyes, formando un sistema organizado y comprensible. Pág. 60.

código de leyes: grupo de colecciones de leyes, reglas o reglamento sistemáticamente dispuestos y muy completos. Pág. 59.

comercial: que tiene que ver con el *comercio,* la compra y venta de bienes o servicios, o se relaciona con ello; contrario a lo religioso, educacional, caritativo, etc. Pág. 26.

compendio: explicación breve de algo que incluye lo más sustancial. Pág. 182.

competente: capaz de hacer bien aquello a lo que uno se dedica; diestro; hábil para hacerlo; que está a la altura de las exigencias de sus actividades. (De la *nota a pie de página del autor*). Pág. 117.

comprar: conseguir el apoyo o la obediencia de alguien al darle dinero u otro tipo de recompensa, como en *"No ayuda tratar de 'comprar' al niño con una cantidad abrumadora de juguetes y posesiones"*. Pág. 32.

confirmar: apoyar, respaldar; probar. Pág. 144.

conflictivo: que probablemente causa o causará discusiones, conflictos o diferencia severa de opiniones. Pág. 156.

conmoción: actividad, confusión o disturbio agitado o ruidoso. Pág. 59.

considerable: grande en cantidad, extensión o grado. Pág. 50.

consuelo: aquello que conforta o alegra la mente o el espíritu, o alivia la tensión o la tristeza. Pág. 155.

contagioso: (se dice de una enfermedad) que puede pasarse de una persona a otra. Pág. 13.

contaminar: hacer que algo esté sucio o impuro. Pág. 82.

contienda: estado de desacuerdo con enojo y falta de armonía entre las personas. Pág. 152.

contraer: adquirir ciertas cosas como enfermedades, compromisos, obligaciones o deudas. Pág. 103.

convenir a los (propios) fines: satisfacer o complacer a sus propias intenciones o deseos (excluyendo los de otros).

Conviene significa satisfacer, agradar o acordar con los puntos de vista o deseos de otros, y *fines* significa aquello que un individuo o grupo tiene por metas o intenta alcanzar. Pág. 48.

corredor de bolsa: alguien que actúa como un agente en la compra y venta de acciones. (Para ganar dinero, las compañías, corporaciones, etc., venden *acciones,* partes iguales en que se divide y se vende una compañía. Las *acciones* son partes que alguien ha comprado en una compañía. Si la compañía progresa, el valor monetario de las acciones o partes sube. Si decae, el valor monetario de las acciones baja). Pág. 144.

cortina de miedo: una *cortina* es algo que oculta o esconde, o que impide la percepción, comprensión o comunicación clara. Por lo tanto, una *cortina de miedo* es una barrera que hace que uno tema ver o comprender algo o a alguien en forma directa o precisa. Pág. 120.

cuerpo legislativo: grupo de personas, usualmente electas, que tiene la responsabilidad y autoridad para hacer, cambiar o abolir leyes en un país o estado. Pág. 57.

cuidar de: asumir responsabilidad por apoyar, tratar o mantener algo; vigilar la seguridad o bienestar de algo, como en *"Cuida de ti mismo".* Pág. 13.

culto: que ha mejorado mediante la educación; que sus gustos, su manera de hablar y sus modales son refinados. Pág. 167.

D

danza ritual: forma ceremonial establecida y ordenada para llevar a cabo una danza, a menudo en sociedades primitivas, como parte de sus costumbres religiosas. Como en *"danzas rituales antes de una cacería". Ritual* significa llevar a cabo acciones o procedimientos (por costumbres formales, creencias, etc.) de manera establecida y ordenada. Pág. 118.

dañino: acción que lastima o causa dificultades. Pág. 104.

deferencia: consideración cortés y respetuosa para otro; respeto amable especialmente dando prioridad a los intereses de otro. Pág. 39.

degradar(se): que se reduce a un nivel mucho más bajo que el de los estándares generales de la vida y la conducta civilizadas. Pág. 76.

deleitarse en: sentir gran placer, deleite o satisfacción con relación a algo. Pág. 134.

Demócrito: (460–370 a. C.) filósofo griego, que desarrolló la teoría atómica del universo, la cual había sido originada por su maestro, el filósofo Leucipo. De acuerdo a Demócrito, todas las cosas se componen de partículas diminutas, invisibles, indestructibles de materia pura que se mueven eternamente en un espacio vacío infinito. Demócrito creía que nuestro mundo surgió de la combinación casual de átomos. Pág. 152.

deportista, a la manera de un buen: conducta apropiada de acuerdo a principios de justicia, observar las reglas, respeto a otros, buena actitud al perder, etc. Pág. 170.

desagravio: reparación de un agravio o compensación de un prejuicio. Pág. 54.

desaliñado: que tiene apariencia desaseada o desordenada; descuidado. Pág. 77.

desaliñar: estropear el adorno o la compostura. Pág. 76.

descargar: liberar de (una deuda, obligación, deber, etc.) pagando o realizando alguna tarea. Pág. 104.

descarriado: no en la condición correcta, normal o usual; que no funciona, trabaja o actúa correctamente. Pág. 136.

desfigurado: que tiene una apariencia dañada, echada a perder o arruinada. Pág. 77.

desmoralizarse: estar arruinado o destruido. Pág. 86.

destino: el curso de sucesos aparente predeterminado que se considera supera el poder o control humanos. Pág. 92.

destreza: habilidad y facilidad en el movimiento físico, especialmente en el uso de las manos. También, habilidad mental; ingenio. Pág. 117.

destrozado: destruido, dañado o seriamente lastimado. Pág. 206.

días tiránicos de aristocracia: referencia a la Europa de los siglos XVI, XVII y XVIII cuando los países eran regidos por reyes que tenían un poder absoluto. Bajo los reyes estaban los aristócratas, nacidos con gran riqueza y con derechos y privilegios mucho mayores que el resto de la población. Fue contra este trasfondo que ocurrieron las revoluciones de finales de los siglos XVII y XVIII en Estados Unidos (contra el régimen de Gran Bretaña), Francia (contra el reinado del rey francés y los aristócratas) y en Sudamérica (contra el dominio de España). Pág. 60.

dictador: gobernante cuya palabra es ley y que tiene control total y sin restricciones en un gobierno y por lo general gobierna con acciones severas o crueles y con supresión despiadada de la oposición. Pág. 64.

diestra y siniestra, a: en todas direcciones; por todas partes. Pág. 186.

diestro: que demuestra habilidad o ingenio. También, habilidoso y rápido en sus movimientos. Pág. 117.

dilema: situación en la cual se tiene que hacer una elección difícil entre dos o más acciones, ninguna de las cuales parece ser una solución satisfactoria. Pág. 106.

diligencia: cualidad de trabajar con cuidado, atención e interés; de manera rápida y eficaz. Pág. 64.

diseñado: equipado o adaptado para que sea apropiado para un propósito o situación en particular. Pág. 59.

distar mucho: estar a una gran distancia; lejos de; por lo tanto sólo remotamente relacionado; muy diferente. Pág. 187.

disuadir: convencer a alguien para que haga algo. Pág. 59.

doble de cine: hombre que substituye a un actor en escenas que involucran riesgo físico. Pág. 140.

dogma: conjunto de creencias, opiniones, principios, etc., que se establecen y se consideran como una verdad y no pueden cuestionarse. De la palabra griega *dogma,* opinión. Pág. 155.

E

económico: relacionado con la *economía,* la ciencia social que estudia la producción, distribución y consumo (uso) de mercancías (cosas). La palabra significaba originalmente "la ciencia o arte de administrar una casa o una familia". Pág. 88.

ejemplo: alguien o algo digno de imitación o duplicación, un patrón, un modelo. (De la *nota a pie de página del autor*). Pág. 8.

embaucar: engañar por falsas apariencias o no permitir que se vea la verdad o los hechos. Pág. 170.

empapado: muy mojado; tan mojado que se puede exprimir. Pág. 76.

empedernido: firmemente establecido o que no es probable que cambie. Pág. 134.

emprender: dedicarse u ocuparse en algo; participar en algo. Pág. 203.

engaño: algo que se hace o se dice que no es verdad; algo que se percibe de una manera que no concuerda con la realidad. Pág. 19.

ensayos y errores: el proceso de realizar repetidos ensayos y pruebas, mejorando los métodos que se usan basándose en los errores que se cometen, hasta que se encuentra el resultado correcto. Pág. 138.

ensombrecido: que se nubla como con sombras; que se oscurece o se pone sombrío. Pág. 67.

entorno: lo que rodea a alguien; las cosas materiales a su alrededor; el área en que vive; los seres vivos, los objetos, espacios y fuerzas con las que vive ya sean cercanas o lejanas. (De la *nota a pie de página del autor*). Pág. 29.

epílogo: sección corta que se añade al final de una obra literaria o que la concluye. Pág. 203.

era: porción o lapso de tiempo marcado por sucesos, personas, circunstancias particulares, características distintivas, etc. Pág. 54.

escarnio: burla o muestra de desprecio groseras y muy humillantes. (De la *nota a pie de página del autor*). Pág. 58.

escondite: lugar donde alguien puede mantenerse oculto o donde puede desaparecer, en especial alguien que es buscado por la policía, etc. Pág. 92.

escrúpulo: aprensión o temor que tiene alguien de que cierta acción que ha realizado o puede realizar no es moral, justa, buena o lícita. Pág. 63.

especie, la: la raza humana, la Humanidad. Una *especie* es un grupo o clase de animales o plantas que tienen ciertas características comunes y permanentes que las distinguen claramente de otros grupos y que pueden reproducirse. Pág. 23.

Estado: gobierno de un país. Pág. 7.

estado de ánimo: la actitud mental y emocional de un individuo o grupo; sensación de bienestar, voluntad de seguir adelante; un sentido de propósito común. (De la *nota a pie de página del autor*). Pág. 77.

estimado: que se tiene en alta consideración; que se admira, se respeta o se valora. Pág. 98.

evolucionista: relacionado con una teoría muy antigua, de que todas las plantas y los animales se desarrollaron a partir de formas más simples y fueron moldeados por su medio ambiente en lugar de ser planeados o creados. (De la *nota a pie de página del autor*). Pág. 30.

falso testimonio, dar: decir mentiras o declarar algo falso estando bajo juramento en un tribunal legal; declarar falsamente. *Testimonio* significa dar juramento acerca de un hecho, afirmación, etc. Pág. 50.

fanático: persona que muestra excesivo entusiasmo y devoción por una causa, creencia o tema y trata de fomentarla. Pág. 152.

felicidad: condición o estado de bienestar, satisfacción, placer; existencia alegre, placentera, sin problemas; reacción a que le sucedan a uno cosas agradables. (De la *nota a pie de página del autor*). Pág. 7.

fenómeno: hecho o evento observable. (De la *nota a pie de página del autor*). Pág. 184.

fin: meta, objetivo o propósito que un individuo o grupo intenta alcanzar. Pág. 48.

fines, convenir a los (propios): satisfacer o complacer a sus propias intenciones o deseos (excluyendo los de otros). *Conviene* significa satisfacer, agradar o acordar con los puntos de vista o deseos de otros, y *fines* significa aquello que un individuo o grupo tiene por metas o intenta alcanzar. Pág. 48.

física: ciencia que trata con materia, energía, movimiento y fuerza, incluyendo lo que son estas cosas, por qué se comportan como lo hacen y la relación que existe entre ellas, en contraste con las ciencias de la vida como la biología que estudia y observa organismos vivos como animales y plantas. Pág. 30.

flagrante: observable o evidente de forma impactante; obvio. Pág. 120.

florecer: encontrarse en un estado de actividad y producción; expandirse en influencia; tener éxito; ir visiblemente bien. (De la *nota a pie de página del autor*). Pág. 195.

fórmula: en matemáticas, una regla o principio representado en símbolos, números o letras, que a menudo iguala una cosa a otra. Ejemplo: Para calcular el área de un rectángulo (como una alfombra) uno usa la fórmula de A x B = C, donde A es la longitud, B es el ancho y C el área. Pág. 128.

frenético: furioso, rabioso o muy enfadado. Pág. 198.

fruto, rendir: producir el resultado o efecto deseado o que se propone. *Rendir* significa producir, como por crecimiento natural, y *fruto* significa aquello que se produce, un resultado, efecto o consecuencia. Pág. 140.

funcionario: persona que el gobierno emplea en actividades dirigidas al beneficio o uso del público en general,

tales como en escuelas, hospitales públicos, sistemas de transporte público, proyectos de construcción y actividades similares. Pág. 69.

grupo con intereses especiales: grupo de personas o una organización que busca o recibe ventajas o tratamiento especial, por lo general persuadiendo a representantes políticos o personas influyentes para que emitan leyes que los favorezcan. Pág. 64.

guijarro: piedra pequeña y redondeada a causa de los efectos de la erosión. Pág. 192.

hacer frente a: empezar a entender algo y tratarlo en forma directa o firme. Pág. 132.

hecho a la medida: hecho o adaptado a un propósito particular. De la idea de que la ropa es "hecha a la medida" (hecha por un sastre) y no en una fábrica. Pág. 34.

Hitler: Adolfo Hitler (1889–1945), líder político alemán del siglo XX que soñó en crear una raza dominante que gobernaría durante mil años como el tercer imperio alemán; al tomar a la fuerza el mando de Alemania en 1933 como dictador, comenzó la Segunda Guerra Mundial (1939–1945), sometiendo a la mayor parte de Europa a su dominio y asesinando a millones de judíos y otros considerados "inferiores". Durante su régimen, oficiales alemanes hicieron varios intentos infructuosos para asesinarlo. Hitler se suicidó en 1945 cuando la derrota de Alemania era inminente. Pág. 134.

honra: mostrar respeto; tratar con deferencia y cortesía. (De la *nota a pie de página del autor*). Pág. 39.

humanidades: ramas del saber que se relacionan con el pensamiento y las relaciones humanas, en especial la literatura, filosofía, historia, etc., y que son distintas a las ciencias físicas. Pág. 117.

I

impedir: detener o desanimar. (De la *nota a pie de página del autor*). Pág. 20.

implacable: que no es posible tranquilizarlo, calmarlo o agradarle; despiadado, inflexible. (De la *nota a pie de página del autor*). Pág. 59.

incompetencia: carecer de conocimientos, destrezas o habilidades adecuados; inexperiencia; incapacidad; que se pueden cometer errores o equivocaciones importantes; torpeza. (De la *nota a pie de página del autor*). Pág. 117.

incrementar: intensificar, aumentar o mejorar la calidad o extensión de algo. Pág. 3.

industrioso: que se aplica con energía al estudio o al trabajo; que lleva a cabo las actividades con iniciativa y determinación; lo opuesto a quien está ocioso y sin hacer nada. (De la *nota a pie de página del autor*). Pág. 111.

inesperado: no anticipado; imprevisto; no esperado. Pág. 106.

inevitable: que no se puede impedir que ocurra. Pág. 13.

inflexible: duro, que no cede; inconmovible, algo que no se quebrantará, insistente; que rehúsa cualquier otra opinión, que no se rinde ante nada. (De la *nota a pie de página del autor*). Pág. 59.

influencia: el efecto resultante. (De la *nota a pie de página del autor*). Pág. 43.

influir: tener un efecto sobre algo o alguien. (De la *nota a pie de página del autor*). Pág. 43.

inherente: que existe en el carácter interno de alguien como un elemento, cualidad o atributo permanente e inseparable. Pág. 33.

inmoral: que no es moral; que no sigue prácticas adecuadas de conducta; que no hace lo correcto; que no tiene el concepto de buena conducta. (De la *nota a pie de página del autor*). Pág. 7.

inoportuno: que se hace o sucede en un momento inconveniente, injusto o inadecuado. Pág. 64.

interpersonal: que tiene que ver con las relaciones entre personas. Pág. 50.

intrincado: que contienen muchas partes pequeñas que están hechas o armadas diestramente; muy complicado. Pág. 117.

Isócrates: (436–338 a. C.) autor y educador griego seguidor de Platón, conocido por sus muchos discursos ceremoniales (discursos o conferencias formales ante un público), los cuales publicó en forma de folleto. Fundó una escuela donde enseñó a jóvenes de todas partes del mundo de habla griega las artes de escritura de ensayos y de hablar en público (oratoria). Entre sus estudiantes se encuentran algunos de los más grandes oradores, historiadores, polemistas y escritores. Pág. 159.

larga, a la: se refiere a un periodo en el futuro; al final. Pág. 34.

legendario: muy bien conocido, especialmente a través del tiempo; comparable a una leyenda, un relato antiguo y bien conocido. Pág. 111.

Leucipo: (450–370 a. C.) filósofo griego que creía que toda la materia estaba hecha de átomos, que todas las propiedades observables de un objeto resultan del comportamiento de estos átomos, y que todo este comportamiento de los átomos se determinaba con anticipación. Sus enseñanzas fueron posteriormente desarrolladas por su pupilo, el filósofo griego Demócrito. Pág. 152.

Ley de Boyle: ley que dice que la presión de un gas, a temperatura constante, aumenta conforme el volumen disminuye. Por ejemplo, cuando un gas (como el aire normal) se pone en un recipiente, su volumen (cuánto espacio ocupa) y la presión que ejerce contra el interior del recipiente se relacionan entre sí. Si el volumen se reduce comprimiendo el aire en un espacio más pequeño, la presión aumenta. Si se aumenta el volumen, por ejemplo poniendo la misma cantidad de aire en un recipiente más grande, la presión es menor. La Ley de Boyle lleva el nombre del físico irlandés Robert Boyle (1627–1691) quien la formuló en 1662. Pág. 152.

líder de opinión: persona en un grupo a quien otros escuchan, cuya opinión aceptan, en quien confían y de quien dependen. Pág. 67.

loro: persona que simplemente repite palabras o imita las acciones de otro, especialmente sin comprenderlas. Un *loro* es un ave tropical que tiene la habilidad de imitar el habla humana y otros sonidos. Pág. 132.

madurar: llegar (o mejorar hasta llegar) a un estado o condición de desarrollo completo o máximo. Pág. 30.

malicia: deseo de dañar a otros o verlos sufrir. Pág. 50.

malicia y premeditación: legalmente, la intención de cometer un acto dañino (como un asesinato) sin causa justa o excusa que se decidió antes de llevarse a cabo. Pág. 53.

mandato del cielo: un *mandato* es una orden o instrucción autoritaria. Un *mandato del cielo* sería una orden o mandato proveniente de un dios. Pág. 168.

manicomio: institución para el cuidado de personas que se considera están "mentalmente enfermas" por ejemplo, por el daño que se causaron a sí mismos o a otros. Pág. 161.

mar: algo que hace pensar en un océano, en su vastedad más grande, amplia o sobrecogedora; una cantidad abrumadora, como en *"En este mar de contiendas, ha emergido un brillante principio: el derecho a creer lo que uno elija"*. Pág. 154.

materialismo: cualquiera de una familia de teorías metafísicas que ven el universo como si consistiera de objetos duros como piedras, grandes o muy pequeñas. Estas teorías buscan explicar cosas como la mente diciendo que se pueden reducir a objetos físicos o a sus movimientos. El materialismo es una idea muy antigua. Existen otras ideas. (De la *nota a pie de página del autor*). Pág. 152.

materialista: **1.** Relacionado con la opinión de que lo único que existe es la materia física. (De la *nota a pie de página del autor*). Pág. 30.
2. Alguien que cree en la doctrina del *materialismo,* cualquiera de una familia de teorías metafísicas que ven el universo como si consistiera de objetos duros como piedras, muy grandes o muy pequeñas. Estas teorías buscan explicar

cosas como la mente diciendo que se pueden reducir a objetos físicos o a sus movimientos. El materialismo es una idea muy antigua. Existen otras ideas. Pág. 155.

material para edificar: cemento u otros materiales que se usan en la construcción de casas y estructuras más grandes. Por lo tanto, cualquier cosa que se considera fundamental para construir algo; por ejemplo, un elemento o componente que se piensa contribuye al crecimiento o desarrollo de algo. Pág. 98.

mecanicismo: la opinión de que toda vida es únicamente materia en movimiento y que se puede explicar totalmente mediante leyes físicas. La expusieron Leucipo y Demócrito (460 a. C. a 370 a. C.) quienes pudieron haberla adquirido de la mitología egipcia. Los seguidores de esta filosofía sintieron que tenían que descuidar la religión porque no podían reducirla a sus matemáticas. Fueron atacados por intereses religiosos y ellos, a su vez, atacaron a las religiones. Robert Boyle (1627–1691) quien desarrolló la Ley de Boyle en física, lo refutó preguntando si la naturaleza podía o no tener diseños como la materia en movimiento. (De la *nota a pie de página del autor*). Pág. 152.

mecanicista: alguien que cree en la doctrina del *mecanicismo,* la opinión de que toda vida es únicamente materia en movimiento y que se puede explicar totalmente mediante leyes físicas. *Véase también* **mecanismo.** Pág. 155.

mecanismo: medio por el cual se consigue algo (mental o físico), se le compara con la estructura o sistema de las partes de un artefacto mecánico para realizar alguna función o hacer algo. Pág. 104.

medicinal: que se relaciona con las propiedades de un medicamento; su propósito es mejorar el bienestar físico de alguien. Pág. 20.

medida: extensión, cantidad o grado, como en *"nuestra supervivencia y la de nuestra familia y amigos depende en gran medida de la competencia general de los demás".* Pág. 117.

medidas rigurosas: procedimientos, leyes, cursos de acción o planes (para alcanzar un propósito particular) que son enérgicos y eficaces. Pág. 72.

memorizar: aprender algo suficientemente bien para recordarlo con exactitud. Pág. 128.

mentira: afirmación o información falsa que se presenta deliberadamente como cierta; falsedad; todo lo que se hace con la intención de engañar o de dar una impresión equivocada. (De la *nota a pie de página del autor*). Pág. 50.

mercado: el mundo o la esfera de los negocios y el comercio donde se lleva a cabo la compra y venta de bienes o servicios. Pág. 117.

merced de, a: sin ninguna protección contra algo; enteramente bajo el poder de algo, o indefenso ante ello. Pág. 54.

meritorio: algo que es digno de alabanza, reconocimiento o aceptación. Pág. 103.

metafísico: perteneciente o relacionado con la *metafísica,* una rama de investigación o estudios especulativos, cuyas ideas o conceptos no pueden verificarse con métodos lógicos. *Especulativo* significa algo relacionado con una conclusión, una opinión o una teoría a la que se llega mediante la adivinación o teorías sin fundamento. El término, *metafísico,* se aplicó primero en los escritos de Aristóteles (384–322 a. C.), y significa literalmente "después de la física", ya que sus editores pusieron estos escritos después de sus libros sobre la naturaleza, el tiempo, lugar, etc., conocido como la *Física*. Pág. 152.

minimizar: tratar sin respeto ni consideración; tener mala opinión de alguien; considerar que no vale nada. Pág. 195.

modales: la manera en que uno se comporta o se conduce que indica buena o mala educación. Pág. 186.

moderado: que no llega a extremos, que no se excede, que controla su apetito. (De la *nota a pie de página del autor*). Pág. 19.

monasterio: edificio en el que vive una comunidad de religiosos. Pág. 26.

moneda: en sentido figurado, algo que se da o se ofrece en intercambio por otra cosa; algo que se acepta pues se considera que tiene valor. De la definición literal: trozo de metal (oro, plata, cobre, etc.) de peso y valor preciso, que se usa como dinero. Pág. 104.

moral: capaz de diferenciar entre lo correcto y lo incorrecto en la conducta; que decide y actúa de acuerdo a esa comprensión. (De la *nota a pie de página del autor*). Pág. 30.

mutuo: que se posee en común; de o perteneciente a dos o más; compartido. Por lo tanto, un acuerdo mutuo sería un acuerdo compartido entre dos o más personas, grupos, países, etc. Pág. 40.

Napoleón: Napoleón Bonaparte (1767–1821), líder militar francés. Subió al poder en Francia por la fuerza militar, se declaró emperador y condujo campañas de conquista a través de Europa hasta su derrota final en 1821 cuando murió por envenenamiento administrado por uno de sus asociados cercanos. Pág. 186.

obligación: 1. La condición o el hecho de deber algo a otro por objetos, favores o servicios recibidos. (De la *nota a pie de página del autor*). Pág. 34.
2. Estado, hecho o condición de estar en deuda con otro por un servicio o favor especial recibido; un deber, contrato, promesa o cualquier otro requisito social, moral o legal que obliga a la persona a seguir o a evitar un cierto curso de acción; el sentimiento de estar en deuda con otro. (De la *nota a pie de página del autor*). Pág. 103.

ocioso: que está inactivo o no trabaja porque no tiene que hacer, porque no quiere hacerlo o porque ha terminado sus obligaciones. Pág. 111.

oficial: miembro de las fuerzas armadas que tiene una posición de autoridad ante soldados y que ha sido otorgado un documento que da autoridad a oficiales militares, emitida por el Presidente de Estados Unidos. Pág. 86.

oficio: actividad, profesión u ocupación que requieren la aplicación de habilidad artística y entrenamiento, experiencia o conocimiento especializado. Pág. 144.

P

patán: persona de modales rudos, torpes y sin refinamiento. (De la *nota a pie de página del autor*). Pág. 186.

perder de vista: olvidar, descuidar o ignorar. Pág. 60.

perder los estribos: perder la paciencia o el dominio de uno mismo. Pág. 190.

perjurio: el proporcionar deliberadamente información falsa, errónea o incompleta mientras se está bajo juramento, como en un tribunal. Pág. 50.

personificar: ser un símbolo o ejemplo perfecto de alguna idea, cosa, etc. Pág. 136.

petición: una solicitud seria o urgente a alguien pidiendo algo, como ayuda o apoyo. Pág. 40.

piedra angular: literalmente, una piedra que forma la base de una esquina de un edificio donde se unen dos paredes. Por lo tanto, una base de importancia fundamental sobre la cual se construye o desarrolla algo. Pág. 151.

pizarra en blanco: algo nuevo, sin estrenar, sin marcas o sin influencias. Una *pizarra* es una roca de color oscuro que se divide en láminas planas y se usa para escribir en ellas con un instrumento puntiagudo o con gis (tiza). Por lo tanto, una *pizarra en blanco* no tiene ningún escrito o marca y está lista para que se escriba en ella. Pág. 32.

Platón: (427–347 a. C.) filósofo griego famoso por sus obras sobre leyes, matemáticas, problemas filosóficos, técnicos y relacionados con la ciencia natural. Alrededor de 387 a. C., cerca de Atenas, Platón fundó la escuela de mayor influencia en el mundo antiguo, la Academia, donde enseñó hasta su muerte. Su pupilo más famoso fue Aristóteles. Pág. 159.

política: cualquier principio, plan o curso de acción gubernamental. Pág. 66.

político: perteneciente o relacionado con la *política*, la ciencia o práctica del gobierno; la reglamentación y administración de una nación o estado para preservar su seguridad, paz y prosperidad. *Gobierno* es el cuerpo que controla una nación, estado o pueblo que conduce sus políticas, acciones y asuntos. Pág. 60.

por otra parte: expresión que se usa para indicar dos aspectos de un tema que están en contraste, opuestamente. Pág. 64.

practicar: ejercitar o ejecutar repetidamente para adquirir o pulir una habilidad. (De la *nota a pie de página del autor*). Pág. 140.

precaución: acción tomada de antemano para impedir que suceda algo peligroso, no placentero, inconveniente, etc. Pág. 13.

precepto: regla o declaración que aconseja o establece un principio o principios; curso de acción acerca de la conducta; instrucción que se entiende como reglamento o regla de conducta. (De la *nota a pie de página del autor*). Pág. 34.

precipitar: caer desde un lugar muy alto, de manera repentina e incontrolada. Pág. 203.

preparar el escenario: disponer el camino para algo o para que algo sea posible; proporcionar la base o los antecedentes de algo para hacer que ocurra. La frase viene de la actividad en la que se prepara el escenario de un teatro para que empiece una obra teatral o uno de sus actos. Pág. 144.

primera infancia: el periodo en que alguien es un bebé, especialmente antes de aprender a caminar. Pág. 36.

producción: la acción de terminar algo, una tarea, un proyecto o un objeto que es útil o valioso, o que simplemente vale la pena hacer o tener. (De la *nota a pie de página del autor*). Pág. 112.

progresar: volverse más importante, exitoso o próspero en la sociedad. Pág. 88.

promiscuo: que tiene relaciones sexuales casuales, al azar. (De la *nota a pie de página del autor*). Pág. 23.

propaganda: información o rumores esparcidos para promover la causa propia o dañar la de otro, a menudo sin tomar en cuenta la verdad; la introducción de mentiras en la prensa o en la radio y en la televisión para que cuando llegue dada persona a juicio se le encuentre culpable; la acción de dañar con falsedades la reputación de una persona para que no se le escuche. (Un propagandista es una persona o grupo que hace, produce o practica la propaganda). (De la *nota a pie de página del autor*). Pág. 58.

propagandista: *véase* **propaganda.** Pág. 58.

propiciación: el acto de tratar de agradar o satisfacer a alguien (como haciendo una ofrenda o sacrificio) en una forma calculada para ganar sus favores a fin de defenderse o protegerse contra su desaprobación, ataque, etc. Pág. 118.

prosperar: lograr el éxito económico; tener éxito en todo lo que se emprende. (De la *nota a pie de página del autor*). Pág. 195.

proteger: impedir que se dañe algo; salvaguardar. (De la *nota a pie de página del autor*). Pág. 75.

prueba decisiva: una prueba final para establecer el valor, la eficacia o el carácter genuino de algo. Pág. 140.

racionalización: intento de explicar el comportamiento que normalmente se considera irracional o inaceptable ofreciendo explicaciones aparentemente razonables o sensatas. Pág. 104.

raído: que está roto y desgarrado. Pág. 203.

rasgo: un elemento del carácter de una persona, especialmente uno que sólo es evidente ocasionalmente o que contrasta con otras características. Pág. 94.

reconciliar: resolver o terminar un conflicto; resolver o arreglar un pleito o una disputa. Pág. 40.

refinamiento: elegancia de sentimientos, gusto, modales, lenguaje, etc. Pág. 186.

refugiarse: recurrir a algo como un escape, para recibir consuelo o algo similar. Pág. 39.

regalo del cielo: un regalo otorgado a la Humanidad por un poder o fuente divina. Por lo tanto, algo muy especial, significativo o importante. Pág. 118.

"Regla de Oro, La": aunque los cristianos la consideran cristiana y se encuentra en el Nuevo y el Antiguo Testamento, muchas otras razas y pueblos hablaron de ella. También aparece en las *Analectas* de Confucio (siglos V y VI a. C.) quien a su vez la citó de obras más antiguas; también se encuentra en tribus "primitivas". De una forma u otra aparece en los antiguos trabajos de Platón, Aristóteles, Isócrates y Séneca. Por miles de años, el Hombre la ha considerado una norma de conducta ética. Sin embargo, las versiones que se dan en este libro se acaban de redactar, ya que en versiones anteriores se creía que era demasiado idealista para llevarse a la práctica. Es posible llevar a la práctica la versión que aquí se presenta. (De la *nota a pie de página del autor*). Pág. 159.

remontarse: retroceder hasta una época pasada, como en *"que se remontan al Antiguo Egipto y a Grecia"*. Pág. 152.

rencor: un sentimiento de fuerte desagrado u odio activo. Pág. 183.

rendir fruto: producir el resultado o efecto deseado o que se propone. *Rendir* significa producir, como por crecimiento natural, y *fruto* significa aquello que se produce, un resultado, efecto o consecuencia. Pág. 140.

reprender: criticar o castigar a alguien severamente. Pág. 138.

reprimir: impedir (deseos, sentimientos, acciones, etc.) mediante auto-control o supresión; impedir que algo se exprese. Pág. 34.

reverenciar: sentir profundo respeto o admiración por (algo). Pág. 167.

revolución: el que los gobernados derroquen a un gobierno, una forma de gobierno o un sistema social, normalmente por la fuerza o utilizando medios violentos, y un nuevo gobierno o sistema toma su lugar. Pág. 134.

rudo: que le falta cultura, refinamiento; ofensivo o vulgar. Pág. 184.

sacerdote: persona que recibe formación y tienen autoridad para realizar deberes religiosos y ceremonias en ciertas iglesias. *"Sacerdotes de la antigüedad"* se refiere a personas en tiempos pasados, quienes, convencidas firmemente que sólo ellas conocían la verdad acerca del mundo y la religión, impusieron sus creencias en otros. Pág. 155.

santo: 1. Alguien que ha sido particularmente virtuoso en la vida y después de su muerte una iglesia Cristiana declara que tiene un lugar privilegiado en el cielo y es merecedor de alabanza. También, alguien que es una persona particularmente buena o virtuosa, o alguien que es extremadamente cortés y paciente al tratar con personas o situaciones difíciles. Pág. 160.
2. Dedicado a Dios o a un propósito religioso; que viven de acuerdo a un sistema espiritual o religioso, altamente moral o estricto. Pág. 160.

sector privado, el: la parte de la economía de un país que está formada por compañías y organizaciones que no son propiedad del gobierno ni están bajo su control. Pág. 69.

secuaz: partidario o seguidor leal de criminales o líderes políticos corruptos. Pág. 186.

seguir su curso: completar su desarrollo natural sin interferencia. *Curso* en este sentido significa el paso o progreso continuo a través de una sucesión de etapas. Pág. 103.

Séneca: (4 a. C.–65 d. C.) filósofo, dramaturgo y estadista romano, que fue uno de los más renombrados escritores de la literatura latina. Escribió numerosos ensayos y obras filosóficas, deduciendo lecciones morales y atacando el lujo y la inmoralidad. Pág. 159.

sensacionalismo: tendencia a producir sensación, emoción o impresión. Pág. 70.

sembrar: en sentido figurado causar que surja algún sentimiento o creencia (negativos) o que se vuelvan extendidos. Literalmente, *sembrar* significa plantar las semillas de una planta o cosecha. Pág. 91.

sirena de niebla: un sonido grave de gran volumen, que se hace sonar en un barco o bote cuando la niebla reduce la visibilidad, como aviso a otros buques. Pág. 146.

sofocar: darle a alguien demasiada emoción, afecto, amor, etc., de tal forma que se le restringe, se le oprime o se le impide expresarse. Pág. 32.

solemnidad: el estado o carácter de ser profundamente serio; ausencia de júbilo o humor. Pág. 187.

sonda espacial: nave espacial no tripulada diseñada para explorar el espacio exterior y transmitir información a la Tierra. Pág. 82.

subsidio: término usado en algunos países para beneficencia del gobierno. (De la *nota a pie de página del autor*). Pág. 111.

subterfugio: forma secreta, usualmente deshonesta, de comportarse o hacer algo; acción diseñada para esconder, evitar o escapar de algo. Pág. 39.

suerte: la fortuna de alguien en la vida; destino. Pág. 64.

suficiente, un poco (de algo) es: el concepto de que una pequeña cantidad de algo puede tener un gran efecto o una fuerte influencia en alguien o en algo. Pág. 20.

supervivencia: el acto de permanecer vivo, de continuar existiendo, de estar vivo. (De la *nota a pie de página del autor*). Pág. 1.

tangible: real o verdadero, no imaginario o visionario. Literalmente, que puede tocarse o sentirse. Pág. 114.

tedioso: cansado por ser muy largo o aburrido. Pág. 168.

tiranía: un gobierno en el cual un solo mandatario tiene poder absoluto y lo usa con injusticia o crueldad. Pág. 67.

tiránico: caracterizado por el uso cruel, injusto y absoluto del poder; aplastante; opresor; duro; severo. (De la *nota a pie de página del autor*). Pág. 60.

todo tipo de: muchas clases diferentes; en toda clase de cosas. Pág. 100.

tomo: libro, especialmente uno pesado (a veces viejo) sobre temas serios. Pág. 168.

torpeza: descuido al realizar acciones; cometer errores. Pág. 117.

un poco (de algo) es suficiente: el concepto de que una pequeña cantidad de algo puede tener un gran efecto o una fuerte influencia en alguien o en algo. Pág. 20.

usurpar: apoderarse de algo y conservarlo (por ejemplo, el poder o derecho de otro) por la fuerza en una forma injusta o ilegal. Pág. 63.

V

vandalismo: la destrucción intencional y maliciosa de propiedad pública o privada, en especial de algún objeto hermoso o artístico. (De la *nota a pie de página del autor*). Pág. 78.

verdad: lo que está de acuerdo con los hechos y observaciones; respuestas lógicas que son el resultado de examinar todos los hechos y datos; una conclusión que se basa en evidencia no influida por deseos, autoridades o prejuicios; un hecho inevitable (que no se puede evadir) sin importar cómo se llegó a él. (De la *nota a pie de página del autor*). Pág. 47.

vidrio molido (en la sopa): una referencia a la práctica de cometer asesinato moliendo vidrio tan finamente que pasa desapercibido cuando se pone en la comida de la víctima, pero daña tanto el sistema digestivo que es imposible repararlo. Pág. 24.

viento: fuerza, influencia o tendencia que dirige o lleva a algo, o algo a lo que uno está expuesto. Pág. 64.

virtud: cualidad ideal en la conducta humana. (De la *nota a pie de página del autor*). Pág. 167.

voluntad: facultad del alma con la que quiere o elige unas cosas y rechaza otras, y gobierna los actos del ser animado por ella. Tradicionalmente, "hombres de buena voluntad" significa aquellos que tienen buenas intenciones hacia sus semejantes y trabajan para ayudarlos. (De la *nota a pie de página del autor*). Pág. 69.

Z

zarza: enredadera o arbusto espinoso o áspero. Pág. 130.

*Todo lo que tienes que hacer es mantener
El Camino a la Felicidad fluyendo en la sociedad.
Como un suave aceite que se esparce en un mar
turbulento, la calma podrá fluir más y más.*

La conducta y las acciones de otros
afectan tu supervivencia.

El Camino a la Felicidad incluye
ayudar a tus conocidos y amigos.

Empieza con conocidos y amigos cercanos
que están afectando tu supervivencia.
Dales *El Camino a la Felicidad*
y algunos ejemplares adicionales; para que
ellos puedan esparcir la calma más y más.

Este libro también está disponible
en paquetes de una docena de folletos de bolsillo.

Existen descuentos especiales para escuelas, grupos civiles,
organizaciones gubernamentales y negocios así como
otros programas permitiendo que individuos y grupos
vuelvan a publicar este libro para distribución masiva.

Si deseas más información ponte en contacto con
La Fundación de El Camino a la Felicidad:
www.thewaytohappiness.org